刑務所母親物語

一色鈴子

溪水社

まえがき

　このたび、一色鈴子さんが『刑務所母親物語』を刊行されることになった。著者一色鈴子さんは、昭和二六年（一九五一）三月、愛媛県立松山南高等学校を卒業し、つづいて松山編物女学院、ついで松山ドレスメーカー女学院に学び、昭和三三年（一九五八）には自ら一色編物学院を設立して、自己の専門分野への習熟に努め、かつ経営に努め、独自の道を拓いていった。昭和三七年（一九六二）には、一色ソーイングを設立して、多くの縫製工場を経営し、常に創意工夫を凝らし、めざましい活躍を三十数年間つづけられた。

　昭和五七年（一九八二）、一色鈴子さんは、土地のM刑務所から指導員になるよう要請され、それを受けて、昭和六三年（一九八八）まで六年間、女性指導員として、毎日のように男子刑務所に通い、所内で縫製作業の指導に当たった。

一色鈴子さんは、こうした女性指導員としての稀な体験を通して出会った〝子供たち〟(受刑収容者)とのさまざまな交流を克明に想い起こし、記述していくことを思い立った。本書『刑務所母親物語』は、一色鈴子さんが文字通りほんとうの母親のように〝子供たち〟に接し、温情をこめて指導に当たった、慈愛の情に溢れた〝母親物語〟となっている。

一色鈴子さんは、中学生として、愛媛県立松山城北高女併設中学校に学んだ。私はこの城北高女に新任教師として赴任し、一色さんの学年に国語科を担当し、短歌を詠む手ほどきをしたことがある。一色さんは、この作歌体験を生かして、M刑務所に指導員として務めつつ、〝子供たち〟から作歌の相談を受けたり、自らも作歌をつづけるようになった。本書『刑務所母親物語』第Ⅳ章に収録されているのは、著者一色鈴子さんが折にふれて詠んだ短歌一〇八首である。第Ⅴ章には、一色鈴子さんが読み手になり、相談にも乗った、収容者の一人が詠んだ六四首が収録されている。第Ⅵ章には、ある〝子供〟の手記が収められた。

本書『刑務所母親物語』には、一色鈴子さんの生涯の中でも、忘れることのできない、〝子供たち〟との交流が記録され、さらに歌詠も収められていて、そこから生きることへの励ましを汲み上げることができる。得がたい母親物語の誕生を心から喜びたい。

二〇〇一年九月二〇日

広島大学名誉教授
鳴門教育大学名誉教授
野　地　潤　家

目次

刑務所母親物語

I　指導員として

務所《むしょ》ことば　日一日と　おぼえつつ
子らとたのしく　共に作業す

一色鈴子

1　タクシーの運転手

私は、約七年、〝通い懲役〟と子どもたちに言われながら、全国男子刑務所の中のただ一人の女性指導員として、毎日刑務所へ通いました。子供達が出所すると（私は出所と言わず退職と言っていますが）五人に一人くらい、家族共々、お礼に来たり、また道で、声をかけてくれたりします。

ある日、私が町へ行っている時、赤信号で、タクシーと隣り合わせに止まったおり、手を振って、

「先生、元気に頑張っております。前方《まえかた》には大変お世話になりましたが、家族と何とか、食っております。有難うございました。また、いつでも、用がありましたら、呼んで下さい。このタクシーに乗っております。では、失礼します。」

と、話しかけてくれました。嬉しい声でした。

一人、更生してくれていたのです。

2　名古屋でのタクシー

やはり、同じようなことがありました。私の三男が名古屋の商大に入学する時、大型のワゴン車に、タンス、お米、自転車、衣類等、荷物を積んで、娘と三人で、名古屋へ行った時のことです。

一日目には、下宿へ挨拶に行くのに、荷物を持って出向きました。日当たりのよい部屋で、先輩に、ホームコタツ、ベッド等を頂き、その他は買い集め、翌日お別れに町へ出て三人で食事をしようということになりました。というのはそこは文京区で、山の中に大学が六、七校、短大、附属高校などもありました。

息子の学校内にもバス停が二つもあり、一山、二山を学校が持っているほど広く、徒歩では通学できません。

全部の用をすませ、その山の近くの下宿を出て、しばらく車で行っていると、後からタクシーが、一車線を二キロくらいだと思いますが、ついてきます。

時々、

「ブー、ブー。」

と警笛をならしながら。

「警察がタクシーのまねも、すまいけど何じゃろう。」

と、三男と話しながら運転していますと、途中、道路が二車線になった時、スーと追い越しをして前へ止りました。

私たちの車も止りました。前のタクシーから男の人が降りてきて、

「社長、お元気ですか。この車に見憶えがあったので、跡をつけて後ろの会社の名を見て、『一色ソーイング』だと気が付き、追いついてきました。お元気そうで安心しました。前方《まえかた》には大変お世話になりました。今はこうしてタクシーの運転手をしています。子ども三人と夫婦で何とか食べております。安心して下さい。」

少しの間立ち話をした末、

「社長、年が年ですから、次からは車で名古屋まで来たりしないで、新幹線か飛行機で来て、電話をしてください。何をおいても、お迎えに行きます。息子

さんの下宿、大学、どこへでも送ります。事故をしたら大変です。ここへ電話してくださったら、すぐお迎えに行きます。」

と、会社の名刺をもらいました。

又、一人更生していてくれたのです。

ひとしお、嬉しく思ったのは、遠く名古屋の地で、思いもよらない退職者から声をかけてもらえたことでした。

遠くより　笑顔を見せて　語りしは　愛《いと》し子と知りて　安堵するなり

私は、この頃より歌日記を始めました。

3　アロハシャツ

主人と私が、生れて初めて高い塀の中へ入って、刑務所の見学をした時のことです。刑務所側として私に特に見せたかった、第五工場、第六工場では、作業中の収容者が、はでな色のアロハシャツを着て、その上へ、ランニング、下は半ズボンをはいておりました。他の工場は、冷房、扇風機等の風で、気が付かなかったのですが、後で、主人と話をしました。

「刑務所という所は、何着てもかまんのかね。」

「あの色が囚人服、言うのよ。」

「色でないがね、アロハシャツみたい。」

「よう見たんか、あれは入れ墨じゃったんよ。」

「あれ、三分の一くらいおったけど、あれは入れ墨の子かね。」

私は、一度だけ、入れ墨をしていた職人さんを見たことがありますが、あんなに大勢が入れ墨をしているのは初めてでした。

　後で、所長さんに、

「すごい色の服着て、仕事していましたね。」

と、話しました。私が依頼を受けた刑務所の仕事を断っては困ると、私共の作業の開始までに、入れ墨の者は半袖にさせ、手首まである者は、夏でも長袖にするという規則になったそうです。

4　化粧品の香り

M刑務所から仕事を頼まれ、主人と私は、刑務所長さんをはじめ、作業課長、その他の役職の方々、刑務官にまもられながら、初めて刑務所の作業室を、第一工場から第八工場まで見学した時のことでした。この刑務所は、平均年齢が二十二、三歳の男子刑務所であること、約千人の収容者と刑務官二百名が、この高い塀の中にいること、全国から、職業訓練的に、手に職をつけて社会へ復帰することができる人が多いという話、年に何回か、国家試験を受ける機会もあり、狂暴な収容者は、あまりいないこと、初犯刑が割合に多いという説明もありました。

私も、注文に対して生産が間に合わず、困っていた時だったので、思いきって第五工場と第六工場を預かることにしました。後で、収容者の某から、私が見学に来て通った時、何年ぶりかの化粧品の香りに、つい頭を上げたのがおって、二名懲罰房へ入れられたことを聞き、その時から、二十年間、朝も、風呂あがりの時も、化粧品は何もつけなくなり、朝晩、楽になりました。工房の中央に通路があります。外部からの見学者、他刑務所又は官庁の方など、女性は保護観察員・女刑務官といえど、男子刑務所へは入れませんでした。通路を通る時、頭を上げて相手を見ることは許されない行為で、これは規則です。

5　指導員として

私が収容者の矯正作業の指導員として、M刑務所へ勤めるようになったのは、五十歳の時でした。

刑務所で私自身の作業を始めて二年ほど経っていました。当時、全国の男子刑務所の女性指導員は、私一人だったそうで、刑務所としても、異例のことでした。所長、総務部長、教育課長、作業課長等の役職の方々が相談された結果、私には、シークレットサービスとして、部長刑務官を一人、配属してくださるという気の遣いようでした。

所長さんはとても気さくな方で、所内でお会いすると、

「ご苦労様です。どうぞ所長室へ遊びに来て下さい。」

と、言葉をかけてくださいました。私も時々、所長室へうかがいました。

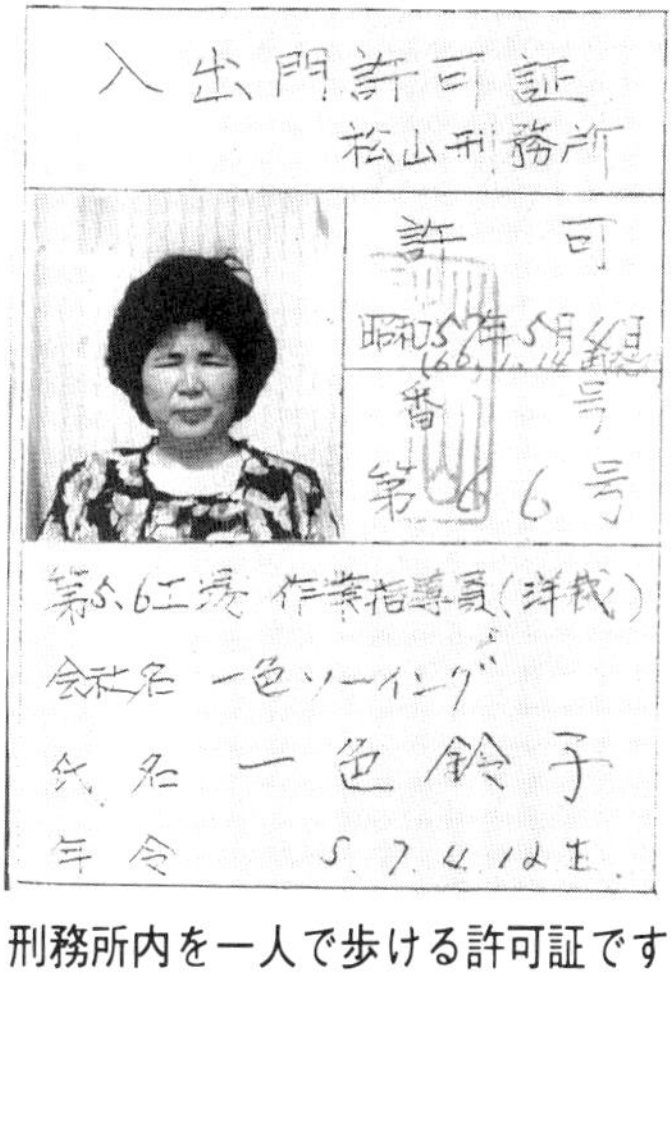

刑務所内を一人で歩ける許可証です

所長さんが、こんな話をしてくださいました。

「社長さん、三〇分でも暇があったら、ぜひ刑務所へ来て下さい。」

「何か理由があるのですか。」

「それは、社長さんが来てくれるようになって、喧嘩がほとんどなくなりました。第五・六工場では、担当官の指令も、よく守るようになりました。ありがたく思っています。」

「でも、三〇分くらいだと、私の家から刑務所まで一八分かかり、家の方の工場も、大勢人を使っていますので。」

「わかっておりますが、収容者にとっては、母親のような存在みたいです。」

そう言われて、私はなる程と思いました。収容者は、家族とはなれて、殺伐としたこの環境では、喧嘩もしたくなるのであろう、何と言っても平均年齢二十二、三歳、二〇歳から三〇歳の元気盛りの男の子たちのことで、一口が二口、三口になり、つい喧嘩になってしまいます。担当官も大変だろうと思いました。私も、勤め始めたころ、喧嘩を見ましたが、非常ベルが鳴ると、どこにこれだけの刑務官がいるのだろうと思われる、二〇人くらいの刑務官が現れ、約一分もしない間に喧嘩両成敗で、二人とも背中へ上下（右の手は肩から背へ左手は脇から背へ）に手錠を掛けられ引き立てられるのを見たことがあります。その上に、くるくると綱を掛け、懲罰房へつれて行かれ、取り調べを受けるみたいで、約一週間、きびしい時には三・四週間もすると、刑の軽い方の子が工場へ帰って来て、もう一人の子は、別な工場へ行かされます。作業の縫いがやっと上手になったと喜んでいると、この始末でした。私としては製品が納期に間に合うかどうか、それが心配でした。

所長さんは、大きな二〇坪くらいの部屋で、奥の方に大きな机を前に、ひとりぼっちみたいでした。窓側に応接セットと本棚、入口の所に事務官が一人おられるだけで、これは淋しいものだなあと思いました。私の方は「社長」「社長」と言われても、刑務所や他の工場へ自由に行くことができますし、社員と冗談も言ったり、ともかく自由があるのですが、刑務所の所長さんが話し相手が欲しくなるのは当然だと、その時思いました。

別の機会に通路でばったり所長さんに出会った時、

「仕事が一段落したら、所長室へ話しに来て下さい。お待ちしております。」

と言われ、私はうかがいました。この日、私のシークレットサービスの、部長刑務官の話をしました。話の内容は笑い話でした。先日のこと、部長刑務官がお酒の飲み過ぎで、夜中に喉がかわいたので、牛乳を冷蔵庫より出し、大パック一つでまだ足りず、もう半分飲んだのだそうです。次の日、工場で、

「まことに申し訳ございませんが、ちょっとトイレへ付き合っていただけないでしょうか。」と頼まれます。

「どうして?」と聞きますと、

「自分の仕事は、社長の警備で、社長の側をはなれられない規則なので、早く、早く、お願いします。」

二人で長い長い廊下を走るようにして、職員トイレへ、私は応接兼休憩室で待っていました。すると、

「あー、すっきりしました。」

と、言う声。その時、牛乳の話を聞いたのです。

「今朝から、腹ぐあいが悪かったのですが。」

「部長、無茶したらいけませんよ。お腹を冷やしたのですよ。」

と、言いながら、また、作業場へもどって、さて、仕事をと思うと、

「社長、またです。よろしくお願いします。」

と、言います。ついに、午前中に三回、午後に一回、お供をしました。

「これでは仕事に、なりゃせんがね。」

「すみません。」

こういうやりとりのくり返しだったんですよと、所長に話しました。

「若い者は、無茶していけませんねえ。」

「それはまことに申し訳ないことをしました。」

とても話せる所長さんでした。よく冗談を言って、笑われる方で、私も時々、退屈しのぎに話をしに行きました。シークレットサービスは私が女性であるために、収容者より何か起こった時のことを考えて、部長刑務官が付きっきりで、一歩、動けば一歩、十歩、歩《ある》けば十歩、かならず一メートルくらいのところを、警備してくれていました。

十日くらいしてから、

「社長、免許に貼る写真を、一枚持って来てください。」と、事務官に言われ

ました。
一カ月くらいの間に、法務大臣及び管区法務局長の許可によって、女性で男子刑務所内を一人で歩くことができ、第五・六工場や、倉庫、食堂等の出入りの鉄の扉だけは開けてもらいますが、工場内は自由に歩けるようになりました。今迄は注意したくとも、まああと少々のことは言わない事にして、あまり移動はしませんでした。これだけでも、良い製品ができるようになりました。ずいぶん気分が楽になりました。

務所《むしょ》ことば　日一日と　おぼえつつ　子らとたのしく　共に作業す

獄の子が　歌よむ心　教へくれ　見るも聞くも　また新《あらた》なり

女学校三年頃を思いだし、昭和五十七年七月頃より歌日記を始めました。

6　とうきび焼きの夜店

こんなこともありました。暑い夏の夜の土曜市でのこと、主人と娘と私と、三人で、いか焼き、金魚すくい、たこ焼き等、娘が嬉しがるので、あっちこっち歩いていた時、とうきび焼きの所で、焼いている男の人から、

「社長、ご機嫌さんですか。前方《まえかた》（以前）には、お世話になりましたが、今はこんなことをしています。元気でがんばっておりますので安心してください。ありがとうございました。お嬢ちゃんに、どうぞ。」

と、〝焼きとうきび〟をもらいました。私は、

「あんたも、これが商売だからねえ。だけど、商売は大変じゃろうがね。ここに私がいたんでは、さくらになって家族で話しながら立っとっても、いいけどね、商売のじゃまになっても気の毒だから。がんばって生きていくんよ、元気でな。」

いらないと言ったのですが、〝焼きとうきび〟二本分くらいのお金を、おいて帰りました。

「お父さん、銀天街ではどこで声が掛かるかわからんから、帰りは裏道を帰りますか。」と、今度は北京町という裏道を通って帰る途中でした。

「社長、ご機嫌さんですか。」

キャバレーの呼び込みをしている子に出会いました。

「ちょっと、あんた、これが商売かね。」

と、言うと、

「はい。呼び込みが商売です。『いらっしゃいませ、いらっしゃいませ、どうぞ中の方へ』と言うだけ。」

「だけど、環境がようないねえ。」

と、言えば、

「こんな仕事しか肩書（刑務所）が付いた者には、すぐにはないのです。」

「でもなー、やっぱり環境が悪い。引き込まれて、また務所（刑務所）へ帰らんといかんようなことだけは、せんといて。まあ、あんたのような、ひよひよの身体では、土方もできまいけどなー。元気で、道をそれんようにね。」
「わかりました。お元気で。いつまでも、お達者で。失礼します。」
と、言われ、主人を見ると、（主人は警察四十年生で、人生の表も裏も知っていま
す）にやにや笑っており、娘は、私と男の子の話を、きょとんとして、見てお
りました。
「お父さん、表の道も、裏の道も通れんねえ。もう土曜市は、行けんねえ。」
私は、主人と冗談話をしながら、家へ帰りました。
こうして、収容者だった、一人ひとりが、更生していくこと、これが私の今
の生き甲斐になっています。
私は、男子刑務所で、ほとんどの子が私の長男より年齢が下ですので、「子
が」「子が」と言いますが、毎日世話していると、我が子みたいになっていき
ます。中には、五十歳、六十歳の人たちもいました。

つとめ終へ　風のたよりに　聞く姿　世間の口は　あらしにも似て

7　朝の挨拶

ひとりで刑務所内を歩けるようになった時、私は、今日は、第五工場から、今日は第六工場からと、その日その日の作業内容によって動きました。どちらの工場も、一人ずつ指導員（私の会社の技術者）を派遣しており、出入りは自由ですが、鉄の扉だけは開けてもらわないと、鍵は持っておりません。第六工場は東から入り、

「おやじさん（工場担当刑務官）、社長です。」

この大きな声を、公然と掛けられることが、子供たちにとっても嬉しいことでした。指導補助（長年の受刑者で、技術と人望もあり、私達の説明が理解でき、模範収であること）だけが、私たち指導者と、一日の打ち合わせ等で話ができ、その他は、担当さんとも話ができません。手を挙げ、「よし」の返事で、担当さん、もしくは指導補助が動きます。他の者は、トイレへ行く時でも、手を挙

げて許可をもらいます。トイレはガラス張りですから、行っている時は、私は、作業の指導員として見ないことにしています。担当さんが扉を開けてくれる時、お互いに、

「お早うございます。」

「ご苦労様です。」

と、挨拶をし、中央の通路を左右見ながら、

「お早よう、お早よう、きれいに縫えているね。」

と、両側の一人ひとりに声を掛け、指導補助より出来具合を聞き、第五工場へ入ります。

ここにも扉があるので、ここまで担当さんが付いて来て開けてくれます。第五工場の担当さんが担当台《だい》より降りて、また挨拶です。

それから、私は、左右の子たちに、

「お早よう、お早よう、できよるかね。」

と、製品を手に取って誉めたり、教えたりしながら、最後に出荷検品の所まで行きます。

休憩の時、ミシンに座っている子が、

「社長、何で、今日は一番に声掛けてくれなんだん、待っとったのに。」

何となく朝の挨拶の順が決まっているようですが、実はミシンに座っていますから、子ども等は動けません。

「無理おいな、今日は他《ほか》に早う変更があったんで、挨拶どころじゃなかった。何じゃあね、じゃあ、第五工場は誰と誰に一番に挨拶したらいいんかね。」

「そんなこと、決まっていません。声が聞きたかっただけです。」

「あまえん坊が。私語はしていけないことになっているし、たのまれごとはしないことになっているんだからね。私に物の一つも頼んだら、担当さんに言いつけるからね。私の子は、可愛い子には旅をさせよで、中卒で東京の高校へ入れとる。『他人の飯食わせ』言うじゃないの。それが親いうものじゃからね。あんたらも、遠く家を離れて、修行に来とる思うたら、もう少し、大人にならんと、いかんじゃろう。真面目に技術を身につけて、帰らんと、親が待っとるんじゃないんかね、嫁もなあ。」

担当さんが笑いながら側へ来て、言いました。

「社長、説教しても、馬の耳に念仏ですから。」

西の第五工場を通過して、第六工場へ行く時は、子どもが淋しそうな顔をするので、ついつい西から入ります。

東京から父母が飛行機で月一回の面会に来て、欲しいものがあったら担当さんに言って買ってもらいなさいと何と百万円の現金を毎月持って来る様な、家庭もありましたが、子どもは、

「ここに入って初めてお金の大切さを知った。次からは持ってこないように、でないと面会所へは行かないよ。」

その子は官からの支給品で、最低の小遣いにしていました。生活必需品、勉強する子にはノート、鉛筆、教科書等は、買ってくれます。

この子は私の指導補助でしたが、人が変ったように真面目に働き、規則を守り、十七歳の時に生れた子は父親の籍に入れました。人が変るということは、ある程度父母にも責任があるのではと、つくづく考えさせられました。

今はよいお父さんで、自力で頑張っているということでした。

あまえん坊の金持ちの息子でしょう。でも、実の子どももみたいです。

8　キザラの付いたアメ玉

刑務所へ通うようになって知ったのですが、刑務所では、毎年十月に受刑者の運動会があります。応援は、私たち工場指導員と日本赤十字奉仕団の方々、婦人会の人たち、地区の町長、役員さん方、約五〇名くらいです。

私も三年くらい過ぎた頃、子どもたち（平均年齢が、私の子三人と同年配の男子受刑者）の気持ちも理解できるようになり、目を見ただけでそれが解るようになりました。

運動会の日、毎年いろいろの競技と仮装行列を見て、子どもたちが言うように、一年に二回だけの銀シャリ（白米御飯）で弁当が出ることも、わかりました。ある時は、私に、

「今日は、残業はないのですか。」と言うので、「どうして？」と、聞くと、

「残業食がつくんです。カップラーメンか、しる粉、少し甘みが入っています。」

と、言います。

その年の運動会に、（私のタッチしている第五工場・第六工場合わせて一四〇人くらいでしたが）小包のようかんでも食べさせてあげようと、教育科へ申し出ると、五・六工場だけというのは困ります。全員でないといただけません、と言われました。そこで、子どもたちに聞いてみると、キザラの付いたアメ玉がよいと言うのです。全員千二百人でも、アメ玉（三個入り）の方が安上がりだったので、卸《おろし》で買って教育科へ持って行き、渡しました。どうしてアメ玉かと聞くと、お昼のお弁当を食べ、アメ玉を口へ入れると、かまなければ、三日でも一週間でもなめられるそうです。弁当は昼食べて、アメ玉は一週間もなめられます。やっと訳がわかりました。子どもらしい一つの知恵でした。

「持ち物検査があるからなあ。だけど、社長な、一週間や十日、紙につつんで、のけとけば、紙ごとねぶって紙だけぺっと出すだけど、何回でも、なめられるじゃろう。」

「ふーん、私の子どもの頃はね、一個二銭でね、十銭持って、五つ買いよった。ほんとうになつかしい。」

私の子どもの頃を思って、この大の大人がほほえましい思い出をなつかしみました。

差入れは　キザラのついた　アメ一つ　言ふ言葉なく　胸あつくなる

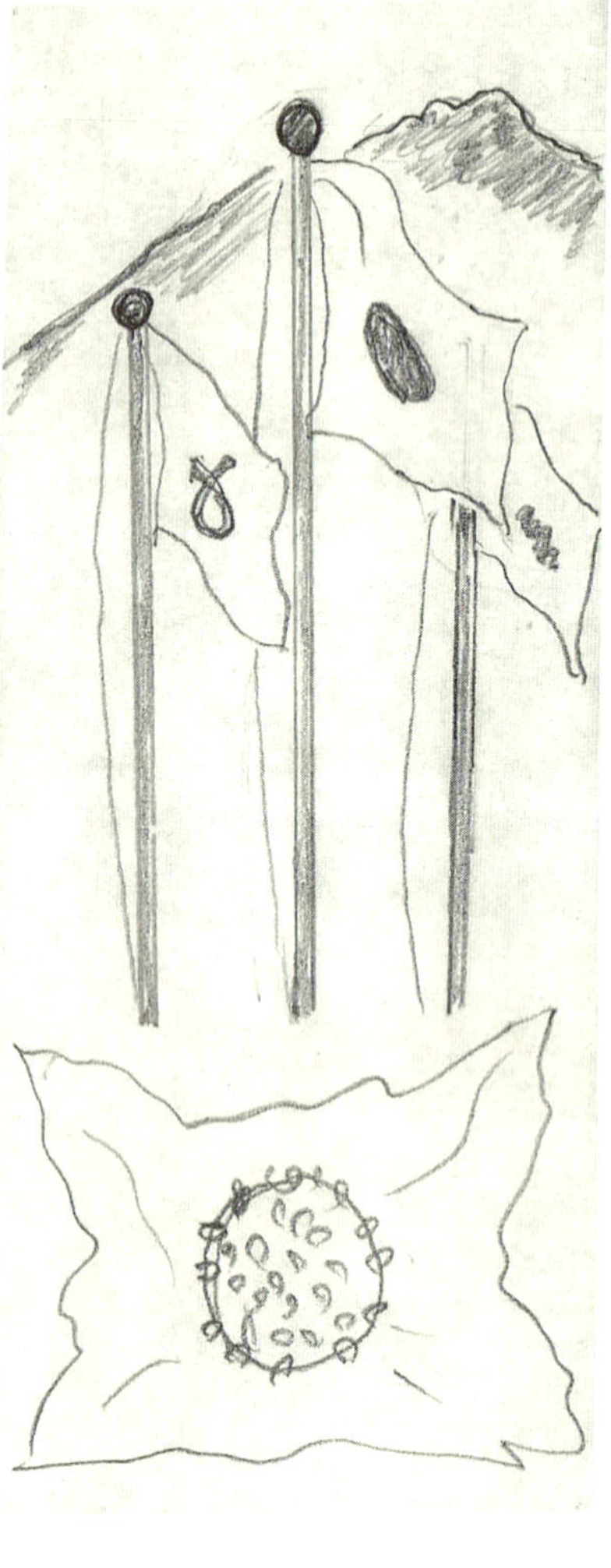

9　自作の仮装大会

私が作業指導員として、M刑務所へ毎日通っていた頃のことです。私方からは、この頃毎日三名の指導員が現場へ通っておりました。秋の運動会では、刑務所側から、だしものに一工場五千円の補助金が出され、全部自作でした。作品演出を担当し、手作り仮装大会が行われます。収容者の職業はいろいろでしたから、どんなことでもできます。

私の第五工場は、昼休みに二階食堂で、第六工場は倉庫の中で、両工場共にミシン作業ですので、デザイン物の製品を作ることには慣れています。第五工場は獅子舞、第六工場は応援団、子供たちが残り布や捨てるハギレ等を、第五工場は端《はし》布裁《た》ち切れを上手に縫い合わせ、胴体に金紙の切り抜きをのりで張り、模様を付け、しっぽは細い端《はし》布で、獅子の頭はダンボール箱を上手に組合わせマジックで顔へ色を付けて金色折紙を歯に張り付け、紙に目をくり抜き、マジックで書き、張り付けました。大きな鼻を上に向け、頭には、はし布をのりで張り付け、口はパクパクと開けたり閉めたり、耳まで付けました。これは私も知らない間に二階の食堂で昼休みに作り、他工場へは内緒でした。第六工場の応援団用には、長い学生服三着、赤い長いハチ巻き。服のボタン・ホールは機械であけて、金ボタンは折紙で張り付け、運動会までに完成しました。

当日がきました。来賓を含め、指導員等全部で百人くらいでした。隣接の養護学校のフォークダンスと花笠音頭の特別出演もありました。昼食後、第一工場より第八工場までの仮装大会、私方第五工場の獅子舞の太鼓は、大太鼓はミシン油のカンを裏へ返し、小太鼓は横にして、手作りのバチで、

「トンチキチッチ、トンチキチッチ、トントンチキチ、トンチキチッチッ。」

と、上手にリズムを取って、グリーンの胴に二人が入り、しっぽを振り、口を開け閉め、本当に子どもに返ったような上手な舞でした。

第六工場は、応援の学生服の子が三名、長い赤いハチマキをし、両側二名ずつが白の運動会服にグリーン、黄のハチマキをしていました。

リーダーに合わせ大きな声をはりあげて、「三三七拍子」と学生がするのと

同じように、身体をそらせて、ダスカンの（三個を棒でたたく）拍子に合わせての応援団で、工場の子どもたちも、全員立って大声を上げての応援でした。こんな時でないと大声を出す機会はありません。来賓の本部の方から、南東北に並び直して大応援です。最後に、表彰台へ一位は第五工場の獅子舞、二位は応援団、三位と上がり、指導補助が工場代表で、楯と表彰状をいただき、所長さんから、おほめの言葉をいただきました。ほんとうにおもしろかったです。私も忘れることのできない一生の思い出です。

午後は、いろいろ競技がありました。各工場から選ばれた五名ずつによる千メートルリレーの決勝で、アンカーが走っていた時、その子が私の三男の同級生だったので、つい我を忘れて、

「多田、頑張れー。」（三男の同級生で高校総体の新記録保持者）と、第八工場の子を応援すると、私の方を見て、四人抜きをしてゴールへ一位で入りました。

後で、子どもたちに叱られたこと。ほかの工場を社長は応援してと、大目玉でした。

知った子が入所するのがわかれば、教育科へ言っておきますと、私方の工場へは配属されません、何かと気を遣いますから。これも、刑務所の規則です。

秋空に　獄の広場の　運動会　ヨサコイ音頭に　阿波踊りあり
刑務所は　これが最後と　リズムとり　ひときはさえる　ダスカンの獅子
工房《こうば》ごと　郷里《くに》なつかしむ　応援で　涙をかくす　獅子舞のあり

10　刑務所の移転

昔の刑務所は、私の通った小学校・女学校と同じ校区内で、町の中にあり、私も子どもの時、官舎の子にお友達がいて、よく遊びに行きました。どこの官舎かなんて、知りませんでしたが、阿波踊りのような、わらの帽子をかぶっているのを、戦時中は、よく見ました。その人達がひもで、後手に、一人ずつ、一人ずつ、五人とか、十人とかを、じゅずつなぎにして、裁判所へ歩いて、連れて行かれるのを時々見ていて、悪いことしたらあんなにして歩くのかと思いました。短い筒袖の着物に、素足にわらぞうりでした。

退職後、私の家へ挨拶に来た子がいました。その子は、その古い刑務所から移転をして来たそうです。古い刑務所は町の中で、周囲に小学校、女子高校、他に高校が二校ありました。このため田舎へ移転し、二十倍位の広さになりました。

「社長、畳と女は新しい方がええ、言うけど、あこへ来て、畳になってなあ、あの畳の香《にお》い、嬉しかった。それまでは板の間にゴザ敷いて、寝よったんよ。」

「あんた、そんなに長いことお務《つと》めしよったんかね。何年おったの。」

「十二年ですけど、十一年で、その後、保護期間があります。人ひとり覚悟の殺しで、自首しました。女のことです。女いうても、社長さんみたいな人、そうざらには、おりません。人の気持ちを考えてくれなんだんです。」

「そうよなあ、普通だと腹立てたことも、あったと思うよ。どして言うても、言うても聞かんの、と担当（担当官）そっちのけで、たたかんばかりに怒ったこともあったよ。大の男の、あれが反抗じゃろうね。私を見ておると、毎日、娑婆《しゃば》へ出て、〝通い懲役〟みたいじゃと、本当に、うらやましかったんじゃろうね。規則、規則で。だけど、昔の軍隊も同じよ。兵隊に行って、一人前になって、あまい、からいの判断のできる人間になるんでないかね。私も、特攻隊で女の募集があったら入りたかった。でも、ねえ、もう年であること、心にきざんで、まじめに仕事をして、まず家庭を持つこと。次は二人で来て。待っとるよ。」

三年目に、ほんとうに二人で来てくれました。

11　麻薬（ヤク）

刑務所の退職者が私の家へ遊びに来た時のことです。

「あんた、務所出たら一番に二センチメートルくらいの厚いステーキが食べたい、言うとったけど、食べたかね。」

「社長、おれ三年半うたれ（受刑）とったんでな、三万円ちょっとでな、お金がこんなに大切なこと、気がつかなんだ。ステーキどころか、嫁が迎えに来てくれたんで、うどん一杯で全部残り持って帰ったんよ。」

「ふーん。我慢ができるようになったんじゃねー。上出来、上出来。じゃあ今日は、私が食べさせてあげる。」

と、近所のレストランで、ステーキを食べさせると、ほんとうに喜んで、

「おれなー、警察《さつ》にあげられたお陰で務所《むしょ》へ入って、ヤク（麻薬）と縁が切れたんでなあ。務所で禁断症状が出た時、先生が付いといてくれたお陰で、ヤク

とも縁が切れたんじゃけど、骨が、スッカラポになって、あのままだったら、とうに、あの世行きだったんよ。家でも、精神病院でも、まあ似たり寄ったりだけど、刑務所だったんで、こんなに元気になって、家へ帰れたんよ。子どもには松山のおばさんのとこで仕事をしよった言うとるけん、また家へも遊び来てな。」

この人の子どもさんと奥さんには、娘をつれて通りがかりに会いました。子どもさんは娘と同じくらいで、四年生くらいでした。

二年ほど経って、電話があり、

「あのなー、息子が務所《むしょ》のこと知ってもうて、親父みたいになったらいかん言うて、どうしても、高校へ行かせてくれ言うし、嫁もな、父さんみたいにならすまいと、働きに行くようになり、おれも今は、人を四人雇うて、瀬戸大橋の与島の工事を受けて頑張っとるので、社長おれの名言うたら、与島まで、車ではいれるからな、息子のために頑張りよるん、見に来てな。」

これは、ほんとうに嬉しい電話でした。

いついつまで続いてほしいと願っています。

父母《ちちはは》の　ながす汗こそ　吾子《あこ》たちの　正しく生きる　道しるべなれ

獄にある　三年三月の　空白《くうはく》を　子への言ひわけ　つらきものなり

瀬戸大橋　筆者の撮影

Ⅱ　母親として

12　保護家庭の子

かなり前のことですが、ある退職者が私方へ来て、

「社長、仕事がしたいけど、知った工場を紹介してください。」

と、言います。

「家には帰らんのかね。」

「家には帰りません。一人住いです。」

「どうして家へ帰らんの。奥さんも、子どもも待っておるんじゃないの。」

「そら用事があるときだけ、夜そっと帰ることはあるけど。」

「用事って、なんな。」

「女が欲しなったらな…。」

「理由があるの。」

「それがなー、わしのおらん間に、保護家庭になって、生活保護もらいよるん

じゃと。それが、わしの親父と嫁と子ども四人でな、二八万円くれるんじゃと。」

「そんなにもね。」

「働くの、馬鹿みたいじゃろ。三人の子も、学校の費用、保険料、そのほか合わせたら、わし、どんなに働いても、そんなに、くれるところ、よう見つけん。」

泣き落としに掛って、

「じゃあ務所で縫いよった、運動服の会社にたのんでみるけど、真面目に働いてもらわんと。私の顔つぶすようなことは、せんといて。給料は経験給として、裁断とミシン掛け、運転でええな。」

バブルの時だったので、人手はいくらでもいる時でした。電話で面接話が起こり、本人を行かせますからとこたえました。二日ほどして、

「社長、ありがとう。きまり、明日から来てくれ、言うてくれてな。」

「ちょっと、よその会社へ行ったら、私にもの言うように、なれなれしい言葉でなく、もうちょっと上品に、『ハイ』とか『わかりました』とか、少し丁寧な言葉使わにゃ、すぐばれてしまうよ。それだけは、気を付けてね。」

「はい、わかりました。これでええ。」

たしかこの子は、二度目の務めで高松へ、ヤク（麻薬）で入ったと聞きました。
（後日談は、またの機会に。）

13　ある子

何年か前に、県の保護寮から、一人預かってくださいませんか、足を運んで頂けませんかと、寮長さんから電話があり、出向いてみると、寮長が、「ある男の子が出所してきました。引き取り手がないのですが、お願いできませんか。」と、前置をして、「実は今家に帰すと、嫁と子を殺しかねないのです。五年半で来ていたのですが、半年くらい前から、嫁から手紙が来なくなっていたところが、今度は離婚の申し出と、出産の通知です。本人を帰されなくて困っています。どこかの工場で使ってみてくださいませんか。」という内容でした。なお、子どもは、離婚していないので、服役中の主人の子として出生届けを出しているとのことでした。

どうか子どもに会ってくださってから、考えていただいてと言われ、事務員を呼びにやりました。

「こんにちは、お世話になります。」

「何じゃ、あんたかね。和歌山へ帰らなかったの。」

「はい、帰れない事情が起こりまして。」

「ふーん。そう。じゃ働いてみるかね。家ではいかんけん、他の工場に行ってもらうよ。」

「はい、かまいません。」

「寮長さん、この子の名前を知っている以前の指導員がおり、その人の近くの工場です。名前を変えてもらわないと、どこから前身を知るかも解りません。で、あんたのお母さんところの名は何ていうの。」

「和田です。」

「じゃあ、和田君な、寮長さんと後で相談して、地図を書いておくからね。ご苦労様。引き取って。」

「寮長さん、大変な事情の子みたいですね。知っております。私が雇わなかったら、何をするか心配です。弁当を持たせて八時までに、この工場へ来させてください。自転車がよいと思います。」

この子は、今、香港で、土地業者として成功しています。
私の長男が中国在住です。時々会って話をするそうです。

刑みちて　足かろやかに　出でし子は　我が子も同じ　胸いたみつつ

14　家出少女を売る子

何年前だったか、退職をして元気に帰った子がおりました。

「前は何で、務所へ来たんぞね。」

「あれは大阪のね、ＪＲの駅で、家出娘を世話して、中（仲介料のこと）もらう仕事なんです。」

「中もらう言うて、要するに、職を斡旋してね。」

「まあ、そういうこと。」

「じゃあ、家出少女を、いかがわしい職業へ売って、中とっとったと、いうことね。」

「はい、やっぱ警察《さつ》も目付けとったんですね。つかまって五年半うたれ（刑罰）て、何とか満期で娑婆《しゃば》（一般社会）へ出たんだけどね。」

「秋山君、これからどないするつもり、若い青春二十歳から五年半なんて、一番楽しい年齢を、取り返せんでしょうが。」

「そりゃまあ、考えてみたら、馬鹿みたいだけど。一人世話したら、三十万じゃからねえ、味しめたら、やめられません。」

「後学のために、どんな手打つのか教えてみて。」

駅のあたりで、目を付けてます。家出か待合わせかくらいは見分けがつくようになってきます。相手は、夕方になると心細くなる。この時が一番声を掛けるタイミングで、仕事をしているような服装で、

「仕事で二・三回通ったんだけど、待っている人来ないの。」とたずねる。また、

「今晩泊まる所あるの。」とも聞いてみる。

相手はだまって頭ふるだけ。これがカモなんでね。

「泊まる所ないのなら、そこのボロアパートだけど、泊り。僕は友達のところへ、泊りに行くから。冷蔵庫の物でよかったら、自分で料理して。火だけは気を付けてね。」

夜のネオン街を、すぐ近くだけれど、ぐるぐる、二・三回まわれば、もうどこが、どこやら。本人が道順を忘れた頃、あまり特徴のない、すぐ道順もアパー

トも忘れるくらいの、安アパートの前まで来て、かぎの束を全部渡す。一本だけ本物で、他は何やらわからない。

「明日は、自分で仕事見つけなさいね。」

と、そう言って、

「僕は、自分で借りている、家へ帰るのよ。」

そして、次の日の夕方、安アパートへのぞきに行くと、きれいに掃除してあります。仕事はまだ見つからないのです。当然アパートから出た形跡は見えない。電話は引いておりません。一歩外へ出たら帰って来られないですからね。

「僕も気を付けて探してあげるけど、自分の家へ帰ったら。」と、調子をあわせると、いやいやをする。これならカモ（だましやすい相手のこと）優等生。

次の日よりあち、こち、器量に合わせて、口探ししておき、二・三日目くらいに、見つかったかねと夕方行くと、

「まだです。」

「僕の友達の紹介だけど、皿洗いでもかまわなかったら、連れていってあげる。僕も昼仕事しているので、夜で悪いけど、今、行くかね。」

また、くるくると繁華街を廻って、裏口にまわり、下働きは、ここから入ると言えば素直に、

「お願いします。お世話になりました。」

カギの束を返してもらう。スナック・バーへの売込一段落。要するに、後で警察に聞かれても、僕のアパートも、何にも、思い出せない道を通るだけ。気がついた時には、見張りがついていて、家へも、どこへも逃げられないような仕組みです。——

「へえー、そうすると、あんたが一週二人世話したら、五〇万くらいじゃね。」

「そうです。まあ運がよければの話ですけど。」

「そんなことするから、刑務所行きになったんよ。やっぱり、まともな商売せんと、いかんぞね。青春台無しでないの。後悔せん人生を歩かな。歩きよったんでは、青春に逃げられるよ。今までの分走って取りもどしね。」

「自分でも、自信ないなあ。困ったら、また、するかもなあ。仕事ないんですよ。」

「バカ言わんとき。警察はもう全国へ秋山君の顔写真手配しとるわね。悪いこ

とだけは、せんといて。秋山君は頭がよすぎたんじゃね。警察馬鹿にしとったら、今度は十年と、一生の半分も務所ぐらし、なんて考えてごらん、馬鹿みたいな人生じゃろうがね。」

「はい、何とか、まっとうな仕事探してみます。」

こうして帰しはしたものの、やはり心配です。

獄の子の　二度の門出に　幸あれと　千年の森に　初詣でする

15　悪い子

　ある時、おとなしい子が退職挨拶に来て、「家へ帰って、仕事します。お世話になりました。」と、言って帰って行きました。その子の家は何県何市くらい聞いておけばよかったのですが、ある日のこと、電話で、名前を言い、

「社長、僕です。だまされて、借金したのが六万円になり、いつでもええ、と、言われて借りとったのが、今日返せ、でないと、組長の手前、指つめるぞ、と言われ、困っておるので。」

「あんた、始めから、そんな人と、知っとって借金したんじゃろうがね。」

「違います。友達で知らなんだんです。」

「馬鹿、知っとったくせに。どこぞへ、泣きついてと思うて。」

「時間がないんです。三時までに返す約束をしていたので。指切るの恐ろしいんです。働いて返しに行きますから、お願いします。」

「あんた、私のサイフだって、六万円入ってないよ、出しにいかにゃ。」

当時は今のように、キャッシュカードなど無く、

「明日、にしておもらい。」

その時は二時ころで、現金は三時までです。今から二十年も前ですから、自分のサイフに六万円もいれていません。せいぜい、二万円くらいです。私も務所の工場で、両手とも、親指を除いて四本とも第二関節から無い子を見ており、担当さんに、

「あの子、指無いけど、ミシンできますか。」

「うまいこと縫えます。前もミシンに、座らしとったんですから。馬鹿が、こりもせずに、八回組長の言うことを聞かなんだんでしょう。酒飲むと、何かやるんで、追放くらったんだそうですよ。普段は、おとなしいのに。」

「指って、どないして切るんですか。」

「木の上へ置いて、ドスでボーンとやるんだそうですよ。」

この話を聞いていたので、間に合わせて送ってあげるから言うと、「高知の何とか郵便局へ。僕そこで待っとります。」と、言いました。

主人が側で聞いており、

「あれ誰ぞ、金を送るように聞こえたけど。」

「そうです。バカが三時までに、お金を返さんようなら、指つめられる（切られること）言うんですが。」

「ふーん、あれらの手よ。まあ、やると思うなら送ってやれ。もどしてもらう気なら、やめとけ。」

主人は警察四十年生で、人生の表も裏も、全部知りつくしており、私もなるほどと、

「解っちゃいるけど、やめられないの、植木等さんの歌みたい。やっぱりバカかなあー。」

銀行へ行き、郵便局から、局止めで、送ってやりました。しばらくすると、

「社長、今着きました。ありがとうございました。」

それでも、電話で、礼を言って来ました。

もしかしたら、立ち直れるかもと、小さな望みをかけてのことでした。他にも、二人、これは小さな金額で、家へ借りに来ました。

金の切れ目が縁の切れ目。よく顔をだして、元気です、仕事しています、と、言っていた子が、それを境に、来なくなります。

今は、何をしているか、心配です。

先日、刑務所へ遊びに行った時、まだ六・七人よく話をしていた刑務官と会い、双方なつかしく十五年の間に、

「皆じいさんになったねえ。白髪を染めたら。あの頃がなつかしい。」

と、大笑いしました。その時、高知の子の話が出て、

「社長、金貸さなかったかな？ 言っておこう思っとたのに、あいつ、寸借《すんしゃく》サギで今県外の刑務所に、おるんじゃと、金のことは気付けて下さい。」

私も主人に言われたのに貸したとも言えずおそすぎた話でした。

16　外車で恐喝

〝リンカーン〟という外車で、道路を、あっちこっちと動き、裕福そうで、商売をしているような車をカモ（いいもうけの対象）に見つけると、その車の前を通行するようにして、歩道の側に木が植えてあり、歩道線が引いてあって、人が車の通るのを待っている所（交差点でない）へ来ると、急ブレーキを掛け、追突をさせ、その修理代を取るというやり方。外車の修理代、全塗装料代と三百万円くらいなら、相手も出すそうです。

一回〜三回くらいに分けて、次は取り立て屋に変わるそうです。事故保険でも、使えばよいのに、免停を受けたり、仕事を休んだりすると、商売もできないので、三百万くらいが適当な金額だそうです。何といろいろな、恐喝を考えるものじゃなあと、あきれて感心します。

「あんたが追突させといて、自分が取り立てに行くんかね。」

「いや、組長を後ろに積んでな。」

「じゃ、時々は、ムチ打をもやるんかね。」

「はい、そういうこともあります。」

「じゃあ、どうして、あんたは、務所入りをしたんかね。」

「それが相手の家へ行って、最初の百万は出してくれたけど、次は『金の工面がつかんので、十日待って下さい。何とか、かき集めてみます。』と言われたんですわ。」

その間に、相手が警察に事情を話して、取り立て屋が来て、恐しい、また来るんですが、組のものですので、生きた気持ちがしません、と、交通事故のこと、話に行ったんだそうです。

「警察が前の日に盗聴器を取り付け、その日は家へ二・三人来て、現行犯逮捕されて。恐喝は長いので六年うたれ（実刑）てなあ。」

「組の人とは、手切れんのかね。」

全国組織の組長に、満三年間、見つけ出されなかったら、手が切れるそうです。

「おれ二日早く、出所して行方知れずです。」

不孝せし　母の葬儀に　行くことも　叶はぬ吾に　陽は差し当たる

この子は、こう詠みました。

17　ドイツ語の訳せる子

　私方では、何台かドイツ製のミシンを持っております。修理は、ほとんど専務の長男の仕事なのですが、商売で大阪へ出張させていた時のことです。第六工場より、技官（刑務所の技術官）が私を呼びにきて、

「急にミシンが動かなくなったのですが。」

と、言います。行って見ると、何とドイツ製の何百万円のミシンです。説明書を出させ、これは困ったと図解を見れば、このあたりということくらいは解りますが、英語なら少々、でも、ドイツ語はだめ。

「担当さん、これは今日のことになりませんが、デルコップというドイツのミシンで、私、ドイツ語は、ちんぷんかんぷんです。」

「ドイツ語でも、フランス語でも、英語でも、何でも読めるのがおります。おーい、玉、ちょっと来い。社長に読んであげてくれ。」

「玉井君、すまんねぇ、そしたらこのページの、このあたりから訳してくれる。」

「はい。」

と、その子の訳して読むのに合わせて、修理すると、二十分たらずで直りました。

担当さんに、

「直りましたから、どうぞ。玉井君ありがとうね。私ら、ネコに小判でね、説明書あっても読めんのではなにもならんね。」

後で、国立大学出と聞いて、納得がいきましたけれど。

いろいろの学校、いろいろの職業、いろいろの事件、親御さんのことを思うと、悲しくなります。その子が、

「社長、給料どのくらい、もろています?」

「さあてね、少のうて笑われるからやめ。」

「僕は一日八万円です。」

罰金刑で収容、他は親が支払ってくれて、まだ五年、刑が残っていると聞きました。

頭の切れすぎも、良し、悪しでしょうか。

獄《ごく》にある　子の身がはりと　肩おとす　母の心は　稲の穂に似て

18　務所の食堂

私は、刑務所へ行く時、お弁当は持って行きません。職員食堂で食べます。私方から出向く他の二人は、弁当持参です。私と専務は食堂です。

キッチンには六・七名に対して、担当官が一人付き、包丁を持たせ、火を使うのですから、上手に味付けした、魚、肉、野菜等、工夫して、おいしく食べさせてくれます。みんな一流の食堂や、レストランの板前さん達だったのでしょう。

人は坂を転げるように落ちる人と、崖でも、歯をくいしばって登る人もいる。腕があっても気が小さく、悪へ走る子。私など、苦労は買うてでもせいという式ですから、我が子は中学を出て、すぐ東京の高校へ行かせ、他人の御飯を食べて一人前になれとスパルタ教育でした。

他家の子は、あまやかして、我が天下で、結局はこの子たちみたいになるのかと、私は七年見てきました。

「おいしかったよ、ご馳走様。」

「お粗末様でした。」

嬉しそうにそう言います。この子たち、一般社会の人に声を掛けられることが嬉しいらしいです。何人、真面目に生きてくれるのかと思わずにはいられません。

19　一番に思い出した顔

平成十年（一九九八）十月頃のことだったと思います。私は鹿児島に勤務していました。松山にいる主人のところに電話してきて、主人に名前を言って、鹿児島の私の電話番号を聞き、私の工場へ電話してきました。刑務所の退職者で、奥さんと子ども二人をつれて、私の家へお礼に来たことのある子でした。

「おれよ。」

「おれって、どこのおれな。」と言うと、

「忘れたん。」

と、名のりかけた時に思い出し、

「あーわかった。」と、言うと、

「あのなー、嬉しいことが起こったんよ。誰かに聞いてもらいたかったんでなあー、ほんとうに一番に頭に出たのが社長じゃってな。」

「なに嬉しいことあったん。」

「あのなー、長男の時は、結婚式に呼んでもらえなんだんじゃけど、長男も次男も、別れた嫁に親権が付いとるんでな。ほら高松の務所へ、二度目の務め（服役）に出た時、別れてな。今度来年一月に、次男が嫁をとることになったので、父親《ちちおや》として出席してくれと言うて、前の嫁から電話があったんで、誰かに聞いてもらいたかったんよ。」

ああ、また一人更生してくれたと、嬉しく思いました。

「今の嫁も二人の女の子を嫁にやり、おれも男二人とも結婚でき、両方とも再婚同士で、今の嫁も、生れは同じ土地でな、姫路で料理屋をしているけん、大阪か姫路へ来たら電話してな、高速使うたら近いけん、迎えに行くけんな。」

「あんた今の嫁さん、あんたの務所のことを、知っとるんかね。」

「ああ、大丈夫知っとるけんな。今度も、行って来い言うてくれたんよ。」

一月になって、

「今日結婚式に行って来て、長男にも会って話をして帰ったんよ。」

と、また電話で報告してきました。

一人ひとりが、こうして、社会人として、更生していくということが、また私にとっては、心より嬉しく、一番に思い出してくれたという言葉に、わが胸を熱くしました。

両親が亡くなったので、私にあまえての電話だったのでは…。

この子の長男は、私の娘くらいでしたが、勉強をして親父みたいに、ならんようにと、自分から進んで勉強をし、弟の世話もし、二人とも県立を優等で卒業、国立の専門学校へ進み、兄弟揃って、いい会社へ就職しました。

悔いあらば　親見て育つ　吾子《あこ》のため　正しき道を　ひたと歩めよ

20　喧嘩で懲罰

ある収容者の前職が大工であったという話を聞いた時のことです。この子が退職して、塀の外（実社会）へ出た時のことを考え、延反台に直角を引き、巾の線を引くことをさせました。上手に裁断します。仕事がメーカー品なので、私方はよい製品を作らないといけません。担当さんに話し、曲尺《かねじゃく》と墨《すみ》つぼ、墨《すみ》さしを許可を頂いて持込みました。その使い方を見て、退職後、大工として食べて行けると、私は胸の内で、見守ってやりました。その日から、生き生きとして、墨《すみ》つぼ、墨《すみ》さしを上手に使い、糸を引き台の端へ立て、ぴーんと張って、パチンと落とします。後での話でしたが、

「僕、あの時、社長が墨つぼ、墨さし、曲尺を持ってきてくれたの、一生忘れません。帰ったら真面目に仕事してくれと、目が言いよったの、忘れません。うれしかったです。」

この子が、三年の刑を終えて自宅へ帰る時、私の家へ寄り、この話をしていきました。

「あんた、大工の腕を持っていながら、何して務所入りしたの。」

「友達と肩組んで遊びに行っておった時に、口喧嘩が本当になって、そいつの切れものでつい傷付けて、結局な、僕は一生酒は飲まん、思ったけど、後の祭り。喧嘩早いのかなー。中（刑務所）でも、木工じゃったのに、年も若かったこともあるけど、金槌でなあ、一緒に作業しとったやつが、気に入らんこと言うたんでちょっと、なぐった所が相手の頭蓋骨陥没の大怪我さして、高手小手で、懲罰房へほり込まれました。真夏の懲罰房で、右手は肩より背へ左手は脇の下より背へ廻し、手錠を掛けられると何もできません。足は網《つな》をかけられ、相手は病棟で、医者が付きっきり、命がたすかってくれた、それだけでも有難かったんですが。懲罰房は、せまい上、天井は低いし、食事は、犬みたいに皿へ口持っていく、大小便は、たれ流しで匂い、自分のでも、気分が悪い上、温度が四十度近く。たまらんですが、それでも一日一回、ホースで、鉄格子の外から流してくれる。だけども一日一回、房の温度は下がるし、水をあびて匂いもとれすっとします。一ヵ月入りました。これは僕が悪かったのですから、殺人にならなかっただけよかった。火事と喧嘩は江戸の華というけど、もう懲りました。やっと出してもらった時は、足がたたなくなって、伝い歩きでした。そして、ミシン掛けへ廻されたんです。そんな時、社長の、墨つぼ見て、僕は大工だった、出たら、家族に心配掛けんよう、しっかり大工をしようと、心にきめ、真面目に頑張りました。」

「私はね、いい腕をもっとるんなら、何かの機会で、立ち直ってもらいたかった。お母さん、喜んでくれるからね。」

「はい、おふくろ心配して、手紙くれました。」

「時々、そうね、一年に一回くらい、近況を知らせて。私も墨つぼ、持っていったのが役にたってくれたと、嬉しいから。」

今は、我が子扱いです。一月に子どもが生れます。名を付けてくれとの電話でした。嬉しいことです。

墨《すみ》つぼで　線を引き引き　百五キロ　務所なればこそ　子らと笑ひし

百五キロ　線引き作業　てくてくと　墨つぼ使って　琴平《こんぴら》参り

21　終身刑の子

　ある日、県の保護寮から、寮長さんの名で、

「一人子どもを預かってくださいませんか。」

と、連絡が入りました。

　寮へ行くと、寮長さんが、

「実は終身で徳島を出た男だけど、実家では、終身だからもう一生務所入りと、家族は勘違いをし、弟に嫁を取り、嫁も義兄のことは何も知りません。何せ長かったので、時々、母親は会いに来ますけど、家族には内緒です。親父は亡くなり、行く所がないのです。」

と、言われます。

「そんなもんですかねえ。これからまじめに、仕事をしてくれるのなら、ここから近い針田の工場へ行ってもらいます。本名でよいと思います。誰も知らな

いと思います。でも、まじめに働けないようでしたら、お断りすることがあるかもわかりませんよ。他に男は、二人おり、私もときどき見廻りに行きます。」

毎日お弁当を作ってもらい、歩いて通勤をしており、ミシンも上手に掛けますが、ただ年が年ですから、みんなとあまり話はしなかったみたいです。ところが、最初の給料を受け取ると、長い間行けなかったのでと、街へ行って、二日で使ってしまったそうです。

寮長さんが、「預かっておこう」と言っても、一回街へ行かせて下さいと、全部持って行き、バーかスナックへ行ったのでしょう、二日で十万円くらいのお金を使い、食費は補助と、最初に刑務所から持って帰った分で、まかなっているそうです。二ヵ月目の時、寮へは帰ったそうですが、次の日が、日曜日のため、また朝から外出し、夜になっても帰らず、無断外泊をし、二日続けて会社を休みました。給料のたびに心配させられるので、寮へ電話をすると、今探していますと、もう二・三日待ってやって下さいと言われました。一五・六年も社会をはなれ、塀の中にいたのだから、そんなものかなと、もう一ヵ月だけは世話してみよう、だめなら断ろうと、腹を決めました。

夜八時頃だと思いますが、電話で、

「社長すみません。無断で、会社を休みまして、申し訳ありません。」

「ちょっと、あんた今どこにおるんな。」

「ハイ、高知です。帰るバス代が無うなって。」

「じゃ昨日は、どないしたんな。」

「金がないので、野宿しました。」

「この電話代も、馬鹿にならんから、警察へ行って、事情話して、ピーポー、ピーポーで帰っておいで、わかったね、切るよ。」

何のことはない、次の日は、教えたようにして、高知より帰って来ました。お金の大切さを忘れてしまっており、これではと、考えさせられました。

次の日からまた弁当を持って、ミシン掛けに来て真面目そうに働いておりました。仕事は有名メーカーのスポーツウェアの作業でした。何でもできてよいのですが、すぐに小遣いもなくなり、生活がどんなに大変であるかが、解らないのです。次に何か起こしたら断わると、寮長と話をして、そのまま忘れることにしました。

十日くらいした或る日、息子と、

「お昼、おうどんにするかね。」

と、出荷センターの、近くの食堂へ行って、食べていると、息子が、

「テレビ、テレビ、早う見て。」

後を向いて、テレビを見て、

「アッ、あの子じゃないの。」

息子が、

「お母さん、パチンコ屋で、ナイフ見たいなものを店員に見せて、逃げたんじゃと。見つけてもらいたかったのか、頭だけ、かくして居たんじゃと。」

「そうすると、強盗じゃがね。やっぱりなあ。世の中に、ついて行けんのよ。今の刑務所は週休二日で、三食付、じゃもんね。」

息子と、つくづく、

「自由も、青春も捨て、また、何年入るつもりじゃろうなあ。家族がもう少しかぼうてやれば、死んだことにしてあるそうだけど、少しは真面目な生活ができたのに。」

今も収容されていると思いますが、何とも救いようのない、気持ちです。

刑終ゆれど　母待つ家には　婿《むこ》取りて　死せる子となり　行くあてもなし

しらさぎが　一羽はなれて　とびにけり　子らと同じく　帰る巣なからむ

Ⅲ　十年目の再会

22　やっぱり務所がええ

出所して、家へ帰っても、近所の人には、白い目で見られ、親でさえ時々、厄介者扱いして、やっぱり務所がええと言う子がおりました。優しさがなく、楽しさもなくて、厄介者扱いをされると、淋しくなり、自分の心の持って行き所がなくなるのでしょう。仕事でも見つかれば、立ち直れるかも。でも、仮釈で保護観察期間がつけば、保護観察の人が月に一回、様子を見聞きしにきます。私も保護観察員になったらと、勧められたこともありますけど、我が子と同じような子の行動を観察するのは、性に合いませんと断わったことがあります。

「社長、やっぱり務所がええ。外でたら、僕ら、よう食うて行けん。」

散髪は、理容専門学校があるので月二回、風呂は、週三回、週休二日制、祭日は休みと、いろいろ今の社会と同じように、収容者といえども、待遇がよくなり、私が刑務所へ行き始めた頃は、八時間労働で（日）（祭）のみが休みでした。

今は実社会と同じようになりました。一生懸命働くということが馬鹿らしくなってくる子もいるみたいです。まず職業を、特に国が補助をしてでも、作ってやる、これが一番大切なことではないかと、私は思います。

出所者の職業に対する甘さもあるが、企業をどんどん国外へ出すこともよいけれど、福祉的に補助をしても、最低食べて行けるくらいの仕事は国内へ置いておく。これが、私の考える子どもたちの社会復帰ではないかと考えます。

うどん屋で、うどんの食い逃げでつかまり、務所へ帰ってくるのがいる。子どもたちの話を聞いていると、どこから情報を入手するのか、わかりませんが、累犯（二度目）で、高松へ行ったんじゃ、とか、よく知っているので感心します。身体障害者には、福祉が行きとどいて来始め、喜ばしいことですが、通りもしない道路を作ったり、人工島を作ったり、役に立たない新幹線を作ったり、自由席以外ほとんど空席の特急を走らせるより、明日食べられない退職者に、仕事を作ってあげてこそみんなの社会です。

働くも　肩書きがつき　行く事も　明日食べること　吾《われ》がたねまき

23　悲しい知らせ

こんな子がいました。毎年正月二日、十時頃、私方を尋ねて来た子がいました。娘が小学校四年生ころだったと思いますが、

「お母ちゃん、また、お兄ちゃんが来たよ。」と、言います。

顔なじみになっている子のことです。相手の子も、

「さっちゃん、お父さん、お母さんは。」

と、手土産を持って、

「あんた、松山へ来ても温泉くらいじゃけんね、遊ぶ所なんて、ないよ。」

娘は、

「お兄ちゃんが、来たんじゃけん、スケートへ行こう。」

お昼を主人と四人で食べ、スケート場へ、連れて行き、動けなくなるまでですべり、ラーメンを食べて、夕方帰って来ると、（主人は警察四十年生で世の中の

表も裏も知っています。）

「わしが国鉄まで送って行ってやるけんの。」と、車で送ってやります。

「次からはバスで自分で来ますから。」

と、毎年正月二日は、必ずやって来ます。

「あんた、もういいかげんに嫁さんもろうたら。」

と、言うと、あれは、五年目くらいだったと思いますが、

「嫁さんもらうのが、決まったんで、今年はつれて来て、見てもらうつもりだったけど、今日は、出勤で休めなんだんでな。」

ということでした。

「ほう、よかったねえ。あんたの前のこと知っとる嫁さんかね。」と言うと、

「それは、何もかも知っていて、とても明るくて、いい娘でな。親と一緒に住んでくれる言うのに、親が家の前へ、僕らの家を新築してくれたんよ。だけど、表裏でな、一緒に住んどるんと同じよなあ。」

「ほう、よかった、よかった。また、スケートに行くか。」

と、娘と三人で遊び、三時ころに帰って行きました。また一人、更生してくれ

たと嬉しくなりました。

　結婚して一年くらいして男の子が生れたと、鹿児島の工場へ連絡があって、三ヵ月目くらいだったと思います。本社より鹿児島の工場へ、手紙がきました。開封して、何とその時の気持ちを言ったらよいか、言葉に出せないショックです。新聞の切り抜きに、この子が大型自動車に正面衝突をして即死をしたこと、仕事の配達の途中のことと書かれていました。二ヵ月くらいしてだったと思いますが、松山へ帰って来た時、電話帳で調べ、奥さんに電話すると、

「松山の先生ですか。」

後は涙で、話ができません。

「お母さんじゃからねえ、しっかりして、子どものこと、たのむよ。」

と、言えば、

「お母さんが、坊やを見てくれているので、やっと仕事をする気持ちになり、この間から、病院へ行き始めました（看護婦です）。」

「じゃあ少しは、落ち付いたんじゃねえ。よかった。まだ、めそめそ、しとるんじゃないかと、心配していたんよ。だけどね、『女は弱し、でも母は強し』

よ。元気だして頑張ってね、子どもたのむからね。」

「はい、ご心配ありがとうございました。」

「ところで、もう天の星になったか、地の星になったか、わからんけど、私が今こんなことを話したら、常識がないと思うかもわからんけどね。今すぐはだめ、子どもが一歳くらいになって乳ばなれして歩けるようになった時に、貴女も若いのだから、子づれでもよい、お母さんが育ててくれれば、再婚を考えるとか、自分の身の振り方について、人に相談できないことがあったら、いつでもいいから、松山の先生に電話して。力になるからね。第二の人生を進む気持ちになった時にね。坊やは親の表情を見ていますよ。笑えるように努力してね、坊やを明るい子に育ててね。」

「はい、わかりました。」

元気な返事を聞いて、安心はしました。本当にいい子でした。

ほどき編み　ほどきて編みて　一針に　母の心を　願ひにこめて

24　選挙の票を買う

　この前の市会議員選挙の時だったと思います。元気に商売をして、今は家を建て、嫁と子ども二人で、何とか仕事していると、聞いておりました。その子が、「こんにちは、僕ですが、お元気ですか。」と、来ました。

「誰かと思ったら、帰ってきたの。」

「はい、お袋に会いに。前方《まえかた》にはお世話になり、ありがとうございました。」

「そら、上出来じゃ、お母さんお元気だった。七十五歳くらいだったかね。」

「七十三です、社長。専務もお元気ですか。」

「元気よ。ありがとう。たしか、あんたは麻薬だったのよね。今はね、選挙で大変よ、朝から夜まで。ほら、選挙の票買う買う言うこと、聞くけど、そんなことできるかねえ、お金もろうて、誰入れても、わかるまいに。」

「それは素人。印付たばこの銀紙を下へしき、その上に投票用紙をのせて書く。

門のあたりで回収、またのばして回収とね、くり返して、別な所で金渡す、ですよ。察《さつ》は選挙のことは知らんかも。」

「ふーん、やっぱ利口じゃねえ、いろいろと。」

「そら察に目付けられなんだらで、やっぱりどこにでも察にちくる（つげ口する）者《もん》がおりますから。僕は今、商売が面白うて頑張っていますから、安心して下さい。」

「もう安心じゃねえ。ところで、息子、国立大学入学おめでとう。」

「はい、親父《おやじ》の僕を見て、中学も高校も一番で卒業したと聞いて、喜んでおります。」

「元気で行きよると、時々娘の家へ電話が、あるみたいよ。ところで、今度の奥さんは前のこと、知らんのよな。憶えとかにゃ。で、奥さん子どもさん、元気なんかね。」

「はい、元気で、女二人で、にぎやかです。」

「そう、女の子はいいねえ。まあ息子のことは、安心な、いつでも連絡取れるから。」

「お願いします。また僕の家へも、お寄り下さい。」
元気に飛行機で帰りました。もう安心です。

子をおもひ　片時惜しんで　夜ごと編む　残り少ない　刑にあはせて

25　ヤク（麻薬）の売り方

ある子が、退職の挨拶に来た時のことです。

「長い間お世話になりました。いなかへ帰って、親父の仕事を手伝うことになりました。お達者で。社長、乗り物に気を付けてください。僕も今度こそ、やり直します。」

「ところで、あんた、なんで務所暮らしをしたんね。」

「ヤクの売人をやっていて。自分では打ちません。」

「人に売るだけかね。もうかるんかね。」

「はい、一度やったら、仕事するのが馬鹿みたいで。つい二度三度となって、足が抜けなくなるんです。組の者とも通々になり、でも中には察《さつ》へチンコロ（つげ口のこと）するのがいて。まあ、こっちの方で目を付けられて、察（警察）に挙げられたんです。五年半打たれ（懲役刑）ました。」

「ヤク売るて、どうして売るの。相手を知っていて売るんかね。チョット、奥の手を教えてくれる、後学のためにね。」

「暗号電話が入っていて、出向いて行くと、昔、39というマッチがあったでしょう。そのマッチで、たばこへ火を付けて、マッチを持っておると、見えるあたりで、同じように、39のマッチでたばこへ火を付けようとする。これが合図でして、ヤクをマッチ箱へ入れたまま、相手にマッチが無いのですか、ならどうぞ。とまあ、渡すのです。」

「お金はいつもらえるの。」

「他の者の仕事です。一人で何もかも、やっていたら、誰が見ても、不思議な行動に見えるでしょう、足がついたら大変です。」

「ふーん、うまいこと考えたものじゃねえ。感心してしまうがね。頭使わな、いかんねえ。」

「まあー、よっぽど気を付けんと、察に目つけられたら、おしまいだから。浮きもうけ、など考えたら、結果は、察に現場を押さえられ、現行犯逮捕で、言いのがれ、できません。」

「青春真っただ中ちゅうのに。お父さんの商売を一から習って、うちの専務みたいに、青春を楽しまにゃ。頑張るのよ、元気でな。」

と、励ましました。

今は更生してお父さんの後をつぎ、人も使っている土木業ですが、順調に商売をつづけています。時々のたより、待遠しいです。

今日こそは　見奈良《（地名）》の里も　秋日和　許されし子を　祝ふが如し

26　十年目に親子で来た子

平成十一年（一九九九）も、十二月の中頃でした。赤い車が家の前に止まったので、おやっと、見ると、

「社長、僕です。お元気そうで。」

「何じゃ、あんたかね。長いこと会えなんだけど、元気だった。仕事はしよるの。あの人誰ね。」

「はい、おふくろです。社長に挨拶したいそうです。」

お母さんらしい、よく似た六〇歳くらいの人が、車から出て来て、

「息子が、前方には、お世話になりました。お礼申し上げます。」

「これは、ご丁寧に、何の世話もできず。」

「いいえ、息子と二人で、よく社長さんのお話は、させてもらっております。電話を掛けても、いらっしゃらないので。」

「そうです。鹿児島の工場へ行っておりましてねえ。それは、どうもありがとうございました。」

少々、立話をして、

「ちょっと、竹田君、お嫁さんは。」

「それがまだです。おふくろと最近やっと、住めるようになり、仕事も順調で、左官をしており、これからです。」

「そう、力仕事なあ。偉い。がんばって、今度は嫁さんつれて遊びにおいで。いろんな話あるよ。まあ楽しみにな。」

「ありがとうございました。」

二人して帰って行きました。主人が、

「今のは、誰と、話をしとったんぞ。上がるおもて、奥へ入っとったのに。」

「お父さん、忘れたかなあー。十年くらい前に退職した子が、挨拶に来た時、飯食うか、言って、娘と一緒に昼御飯食べさせて、ほら、県の保護寮まで送ってあげたでしょうが。その時、お宮の近くの田の中の交差点で、黒のセドリックに、車の横を当てられ、私が肋骨にひびが入って。相手の車の子、怒ったら、一週間くらい前に、務所出た子だって。」

そのときのこと――。

「ばか、気つけんから息《いき》が吸えん。」

痛いのを我慢して、車から出て相手に、

「何で、ブレーキ、ふまなんだの。」

「すみません、今親父さんの車を洗って、ちょっと乗って見たんで。ブレーキふんだのに、止まらなんだんです。」

主人が、

「洗う時、ブレーキに水が入ったんじゃろ。」

「そうかも知れません。」

「免許は？　持っとるんか、車の保険は？」と、聞くと、

「免許は切れて、車の保険はまだ入ってないみたいで、他の会社の保険はありません。」

「そしたら、無免許か。」

「そしたら、また務所行きかね。前のも死亡事故で入っとったんじゃなかった

ん。」

「はい、親父さんに話をします。社長、すぐ病院へ行ってきてください。すみません。」

「次から気付けな、痛いのはしようがない。」

次の日、組長が、他の者に見舞を持たせて、

「社長、若い者《もん》が、誠に申し訳ございません。」

やれやれ、丁寧すぎるのも良し、悪し。

組の人とすぐわかるような着物をきて、周囲の人や先生、看護婦さんにも、心はずかしい気持ちになったことがありました。

感無量　ふり返る子を　見送りぬ　母の手を取り　獄門を去れり

27　塀のない刑務所

私たちの第五工場、第六工場は、全国出身者が割合多くいます。どうしてか、と聞いたことがあります。すると、何に向いているか、何の職業を、出所後に自分で選んでいるか等、教育課と共に、収容者の将来のことを考えて、振り分けているということです。国家試験を受けさせて出所させるために、私たちの工場で本人の性格を分析、観察して、適当と見たら、体力作りのため、教育課より、運動場五周、十周〜二十周と走らせます。私も見ましたが、体操、懸垂等をして、見違えるほど元気になってきて、初めて塀のない刑務所へ行き、一般の方々と、まじわって自由に仕事をし、免許を取ります。もう二度と刑務所へ来ないために。たまに、体力が続かず、工場へ帰って来る子もいました。

私の工場からも、何人か塀のない刑務所へ行きました。元気で、この不景気な時代を乗り越えて、更生してくれていることでしょう。私たち工場以外への出所ですから、私への連絡はありません。

塀のない刑務所へ行くことになったら、ちゃんと挨拶をして、「お世話になりました。」、「ありがとうございました。」と、目で、私へ礼を言っているのがわかります。頭を下げますから。

「元気でがんばるのよ。」

と、小さい声で、通る時、励ましておきます。

出所して何処へ帰ったかも、いつ帰ったかも知らない子のために、祈るような気持ちです。

早きもの　三年三月も　とほりこし　出所する顔　新入りの顔

28　脱走者

二・三年に一度くらいの割合で刑務所を脱走する子がおりました。塀のない刑務所から脱走してもですが、私たち指導員は、脱走があったことを担当官より聞けば、すぐ帰る支度をして帰ります。

子どもたちは房へ帰り、刑務官全員で捜査に現場へ出動です。

私たちの納期がそこへ来ておると、頭をかかえ、大変です。どっちみち捕まって、また帰って来るのにどうして脱走するのかと思います。

ある子が退職の挨拶に来て、ちょっと前に脱走者のあった話題が出た時、

「この間、またやられて、納期の言いわけ、大変だったがね。」

「どうせ捕まるのに、何で逃げるのか、僕らには判断ができません。刑がのびて加算される上、仮釈もだめ。その気持ち、理解できません。」

「脱走中は、何を食べよるのかねえ。」

「これは聞いた話ですけど、春の彼岸だと、お墓のお供え物で、しばらくは逃げられるけれど、そのうち寒さにやられ、なるべく人家の近くで、人に見られ、捕まえてくれということになる。夏のお盆だと裏盆もあり、当分大丈夫ですけど、何かでまた、つれもどされるんですよ。」

「そしたら、いつ逃げても、だめということじゃね、人騒がせな。」

「秋は柿、ミカン、いも、その他があるので、一ヵ月くらいは食えるので、割合長い間娑婆《しゃば》におれるけど、やっぱ寒うなってくるので、その内に見つかって帰ってきます。刑が長くなるだけです。まあ入ってみりゃ、経験ですが、一般社会とは、違うことはそれはたくさんあります。逆らわんことです。」

「じゃあ、もう二度と入る所ではないかね。食えんようになった、やっぱり務所がええなんて聞くこともあるけど。」

「いいえ、入る所ではありません。社長は、知らんでしょうが、朝晩の工場への出入り、ほんとうにいやです。はだかになって、手を上げ足広げるんですからね。担当官と他に二人刑務官がいる前で今考えても、はずかしいです。僕はもうたくさんです。」

「それは、私も知っていたよ。上服脱いで、はだかで房の服と着替えよったのは。でも、見えんことにしとったんよ。」

「帰ったら、家業を手伝って、親父《おやじ》の後も継がんといかんし、友達も考えてつき合います。」

「それはええ、時々元気な便りをよこして。」

本人がしっかりしているので、これはもう大丈夫でしょう。更生をしてくれると思います。

もう一度　幼なきときを　思ひ出し　母にあまえる　子にもどれかし

29　東レのサニーセブン

　私が刑務所の指導員をはじめて、八年くらい経った頃のことでした。刑務所で作業をする以前に、二千坪くらいはあったと思われる東レの倉庫で、毎日ワゴン車に八人の従業員を乗せて仕事をしておりました。工場への入門は、名札と本人を合わせてはじめて許されます。その時茶の霜よけとして五米巾百メートルを合わせて五十メートルにして中を切り、たたんで袋へつめる。一日四百反をと、何ヵ月もその倉庫いっぱいの原反を縫い合わせておりました。毎年研究として注文に合わせて何反か私方別工場で縫い合わせていた時、二百反もの注文が入り、縫う所がないので、刑務所と相談して、第五工場の仕事と決まりました。追加された百反を合わせて、三百反くらいだったと思います。新茶が二十日早く市場に出ると、大変な収入だそうです。

　縫い合わせは、六メーター巾を合わせ、十二メーターにして、茶畠全体にかけるそうで、人が一人準備して縫い、前引きがつき、十帳敷ブルーのビニールシートを持ち込み、巻き取り機をおいて、二人掛かりで工房の外の中庭できれいにたたみ袋に入れる作業です。私方では、一人が縫い、一人が前引き袋入れですが、刑務所では、二メーター巾が広くなったので、五名チームにしました。出所前の、これはと思う子三名を担当官が指名し、残りの二名は私に誰が適当か選んで下さいとのことでした。

体操の時以外、日の光を見なかった子どもたちが、毎日仕事で動き廻り、仕事の楽しさをおぼえ、元気になってくるのを見て、この内三人くらいは、更生してくれるだろうと、仕事の合間に世の中の厳しさを話し、真面目に家族のために頑張って、務《つとめ》（刑）を終わり、真人間として働く姿に、私を手本にしなさいと、先頭に立って働いて見せると、

「社長は監督で見ていて、これらにさせて下さい。これが仕事です。」

と、担当官や所長さんが私によく言われました。

雨が降ると、仕事はできないが、日が照ると、子どもたちが、

「社長、縫うてもかまいませんか。」

と、聞きに来はじめました。働く楽しみと、戸外での仕事が嬉しかったのでしょう。よく頑張って仕事をしてくれ、昼の休憩になると、食事が何よりの楽しみだったようです。子どもたちと話せる昼休み、

「じゃあ、私もご飯食べてくるね。」

担当官が、私に、

「どんなもの食べとるか、一回見てやって下さい。」

と、二階の食堂へ入ったことがあります。

「なんじゃ、おいしそうな、私の弁当よりいいがね。数えるほど麦が入っとるだけじゃねえ。」

「そうですか。娑婆《しゃば》の弁当、なつかしいなあ。」

「何言いよるの、今は麦の方が高いので、私らはカッケにならんように、高い麦買うて食べよるんよ。また昼から頑張って納期に合わせてね。私もご飯食べてこにゃあ。ここへ持って来てくれたら、皆と食べられるのに、まあ行って来う。」

この中で何人更生をしてくれるか楽しみでした。

晴れなれば　外の作業に　愛《いと》し子の　笑顔見ゆると　胸おどらせぬ

30　河川敷のいもだき

刑務所の仕事をやめて、私が自由に誰と話してもよくなった頃の九月中頃、私方へ出入りしていた子どもたちの、口から口へ伝わったのでしょう、みんなでいもだきをすることになりました。

天気のよい夜、出合橋の河川敷で、焼肉といもだき、酒、ビールもあって、にぎやかに食事をしました。元指導員が三名、専務、私、ニックネームで呼び合っている、せいちゃん、川ちゃん、竹ちゃん、新ちゃん、大ちゃんら、松山近辺の五名と、十名の宴会でした。

みんな、今の仕事、家庭のこと、中（刑務所）のこと、運動会、仮装大会、歌手の慰問など、人に話せない、今になったら懐かしいが、よその家でも、家族にも、他人にも話せないと、飲みながらの昔話に花を咲かせ、

「また、みんなで会って遊ぼう。先生には長い間心配かけて、ありがとうござ

いました。」

と、母親へ送る花束をもらい、私も胸が熱くなり涙がでました。ほんとうに嬉し涙ってこんなものかと、心より楽しい思いをした夜でした。

いく年か　流るる月日　重ぬれば　「お袋元気?」と　子のたづねくる

かくし芸　胸あつくなり　又笑い

31　だまされたと思うて

六、七年前のことでした。以前、私が縫製工場へ世話したことのある子が、突然たずねて来て、

「社長、また今の会社の服、中国行きになってしもうてなあ。仕事少なななったので、この機会だと思うんだけど、親父がたんぼよう作らん言って売ってな、その金で工場建ててやる。家へ帰って、五・六人、人雇うて縫製するんなら金出してやる言うんよ。」

「ふーん、今はバブルだから、大衆物はだめでも、子供服なら、私の方も分けてあげるよ。」

「なら、やってみようか。嫁も家でなら手伝えるし、教えたらできることじゃ。保護家庭などやめて、家へ帰りたなったんよ。」

「そらええことじゃがね。大の男が逃げ腰で、世間様よりの情《なさけ》で家族が生きて

いくよりは、あんたの力で生活すれば、倹約したら、誰だって生きていける。だけどねえ、工場かまえて経営者になれば、今までみたいに『ほい、ほい』言って世の中渡れんよ。覚悟だけはせんとね。私ら人より先に工場へ出る、人が帰った後まで、次の日の段取りも考えて準備する。十時間から十二時間働く気でないと、やって行けんよ。いいね。そら経営者いうたら外目はいいけど、気遣いはなあ。いい加減な気持ではやれんよ。」

「それがなあ、嫁の腹の中に五番目が入っておるんよ。今度こそ頑張ります、お願いします。」

「その気があるんなら、私も専務も考える。そうよなぁー、ミシン五台くらいなら貸してあげてもいいね。」

「ありがとうございました。父親《おやじ》と相談して話がついたら家の前へ建てるけんな。」

　そう言って、元気に帰って行きました。長男は働きに行き、六人の生活を自力でやれるかなと、心配しておりました。二日くらいして彼が来ました。

「社長ありがとう。父親も喜ぶし、縫うのはいくらでも縫えるから、人の手配もできたし、嫁も喜んでくれるし、八方嬉しいことばっかりじゃった。思いついてよかった。前の会社とも、きれいに話を付けて、仕事も廻してくれる言うし。今度こそ頑張ります。今度、男にならなんだら、務所ばっかりで一生『はい終わり』ちゅうことにはできんけんな。子どもらも皆大きなってきよるし、ここらで親父《おやじ》の株上げんと。一生後悔せんようにな。」

「その意気、その意気。女の私に負けては、一生大口《おおぐち》たたけんじゃないの。でもなぁー、最初は少しずつ、少しずつ、半年を目途に広げるんよ。ばかの大風呂敷と笑われんようにね。おめでとう。」

　これで一つ肩の荷がおりたみたいでした。二度目の務め（実刑二度目はヤク）で、人生を考え直してくれたと、私は心より嬉しくなりました。

　四年くらいしてバブルがはじけ、縫製も大打撃を受けました。そんなある日、また彼がたずねてきて、

「縫製もむつかしなってきて、嫁も二、三人と一緒に仕事つづける言うので、おれなぁ長距離の運転手として大手の運送会社に入れることになったんで、挨拶に来ました。本当に長い間、ありがとうございました。嫁は今まで通り仕事

させて下さい。お願いします。」

「そらええ、長距離は体力がいるって聞いとるけど、寝たなったら『止まる勇気、寝る勇気』。元気に春ちゃん（嫁）の待っとる家へ帰るんよ。無理してまたヤク打ったりしたら、私の今までの努力が水の泡になるからな、覚えておいてな。」

「わかっています。友達も考えて付き合いをします。本当に長い間、お袋代りに無理言って、心配かけて、すんませんでした。」

頭を下げたことのなかった子が、目に涙を浮かべて、深ぶかと挨拶をします。私も本当に心より再出発を、おめでとうと嬉しくなり、涙の別れになるところでした。涙を流してはだめ、笑って、送ってやろうと顔を引きつらせて、やっぱり年の功です、すぐ笑顔はもどりました。

「あほみたいに笑って、あんた泣いたらいかん、笑って。また、笑って会える日を待っとるからね。今は何しても、いいことなし、今度の就職は命がけだから、気だけつけて元気でね。」

先日その子の家の近くを通り、夜も電気が明るくついていたのが印象的でした。

この子は、本当に今度こそは更生をしてくれ、元気に働いております。

なせばなる　ふり返らずに　前のみを　見つめて進め　二度と止まるな

32　一人の子をつれて

ある日のこと、時々電話で連絡のある子でしたが、突然たずねて来て、

「長らくご無沙汰いたしておりましたけど、お元気でしたか。」

「あんたも長いこと会わなかったけど、元気だったの。」

「はい、今日はお袋《ふくろ》（私の事）にあまえに来ました。」

「何ね、言ってごらん。できることならしてあげる。」

「お願いなんですが。父母の墓参りがしたいのですが、まだ車買う金がなくて。もしいつでも社長のあいた日で、いいのですが、連れていってくださいませんか。」

「今日なら、かまわないよ。今は専務に工場に入るな、事務所におっていい、仕事は自分がすると言われてね、私はのけものなのよ。だから、今日でもいいよ。」

元暴力団員でシャブ販売現行犯として実刑を受けていた子でした。人間として、一般社会で仕事をして、暴力団とも縁が切れた、もう大丈夫でしょう、と保護観察の人も言うので、その子を車に積んで、母親の墓参りに行きました。父親は少年院の時に亡くなり、二度目は、成人していた関係で私方の刑務所へ入っていました。その時、母を亡くし、父母の死に目に会えなかった、と、退職後たずねて来た時に身の上話を私にしておりました。元の暴力団とは今は手が切れ、別な仕事をしております。たしかこの子だったと思います。

亡き母に　似し笑まひ顔　もつ女《ひと》が　獄の工房に　日々通ひくる

最愛の　子もライバルよと　言ひくれし　女社長の　目もとほころぶ

と、二首の歌の紙きれを、もらった子と記憶しています。その子も嫁をとり、女の子もでき、休日を利用して、どうしても会っておきたい人がいると、私をたずねて来てくれたのでした。昼ご飯は途中でということにして、すぐ車で、

その子と、二時間くらい離れた墓地へ、お花と水を持って行くと、

「あっ、お姉ちゃんが掃除に来て、お花あげてくれている。」

父母のお墓の前で、涙を流しながら、

「お姉ちゃんにも会いたいけど、社長忙しいのに僕に付き合ってもらって、すみません。お姉ちゃんの元気そうな姿、目に見えるようです。ありがとうございました。」

それから自分の家の墓地の中のマリーゴールドの花一りんを根から掘り採って、ぬらしたハンカチにつつみ、大切に持ち帰りました。

「家へ持って帰って母さんだと思って植えます。たねもついているし、毎年咲くことでしょう。」

「あんた、水をお父さん、お母さんのお墓にかけて。花立へもな。お父さんお母さんもね、今年の夏は暑かったし、今までのこと水に流して。」

昼食を食べた時、

「僕、今は事務所務めで、書類の整理で、人と顔合わすこともなく四年たちました。嫁と娘と、アパートですけど、幸せに暮していています。今日はありがとう

ございました。まだ車買う貯金がないので、もう一つだけお願いできませんか。母が死んだ病院（養老院）の前を通って下さいませんか。」

「いいよ。道教えてくれんと、分からんからね。」

教えてもらった道を通り、大きな病院の前へ止まると、手を合わせ涙を流しておりました。

「さあ、これで何もかも胸のつかえが流れたかね。向こうに見える海の波のように、毎日毎日、なぎばかりでなくて、荒れ狂う日もある。人というものは、生きとる。奥さんと子どもだけは、あんたの通った道を歩まさんようになぁ。海はきれいねぇ。島もきれい。以前のこと、この景色みたら全部忘れるのよ。――そうじゃ、カセットが入っとる。今度は私の涙の物語『人生の並木路』を歌ってみて。これはねぇ、私が国民学校二、三年の時のことよ、両親が弟つれて朝鮮の京城（今の韓国ソウル）へ森永のビスケット工場を建てるために、私と兄を祖父母に預けて、落ちついたら迎えに帰ってくるからね、と言って、朝鮮（韓国）へ行った後、私がいじめられたり泣きたくなったりした時に、兄さんがよく私をかかえるようにして、この『人生の並木路』を歌ってくれたんよねぇ、なまいきざかりの五年生じゃった。」

「泣くな妹よ、妹よ泣くな、泣けば幼い二人して、故郷を捨てた、かいがない。」

「ありがとう、兄さん思い出して涙が出たがね。」

今でもこの歌を聞くと、中学五年の夏、終戦後の病院で亡くなった兄を思い出します。ペニシリン一本あればなおる病気で、アメリカにいた父の兄に連絡をとり、薬が日本へ着いたのは兄が亡くなって十日目でした。五十本のペニシリンが入っていました。病院の先生に差上げました。五十人の兄弟が生き返ったでしょう、会うこともなく。

道それて　神に背きし　生きざまは　母なる星に　救ひたまへと

みそか月　母のねむれる　故郷《ふるさと》の　山に向かひて　〝母さん〟と呼ぶ

このころだったと思います。法務大臣より表彰状を受けた時、母をつれて京城（ソウル）へ行きました。京城駅は昔のままで、東京駅と、同じデザイン建築で、母は大喜びでした。父の建てた森永ビスケット工場は三本のエントツもそのままで、今は乾パン工場として創業しておりました。一日七千円で自由に走ってくれるタクシーです。妹の生れたエイトホウ（地名）は漢江《かんこう》のすぐ北で、母が産後赤痢にかかったので、母の看病と妹のもらい乳をして下さったオモニー（おばさん）はもう亡くなられ、子どもさんお孫さんと話をし、妹の生れた家オンドル（床下暖房）を見ておみやげを手渡し、厚く厚くお礼を言って別れ、秋に始まるオリンピック会場を見て、飛行機で帰って来ました。兄が生きていれば七十三才です。さぞなつかしがることでしょう。

法務大臣より表彰状を受けた時

33　大衆演劇と姫路の子

平成十一年（一九九九）五月末、私は老眼鏡をかけて、椅子から落ち、打ち所が悪かったのか、右肩脱臼をして、少しひどかったため、二ヵ月ほど、松山で毎日治療を受けました。けれど、効き目がありません。小児マヒのように筋が縮んで、何もできません。主人も私の世話が大変になりましたが、毎日足の運動をと、

「お前、手もきかん、足もきかんいうたら、もうあの世行きじゃけんのう、毎日四キロは歩こう。」

と、大きな顔した私をつれて、石手川公園を往復してくれましたが、世話が大変になって、

「お前、芝居が好きなんじゃろう、芝居でも見たら、気分が晴れるかもしれん。」

座長がとって下さった初めての写真です。近江新之介15才でした。

今の近江新之介、先日20才になりました。

と、毎日、朝、病院へ、その後、歩いて、十二時から始まる芝居劇場へ連れて行ってくれました。五月末に二日見たところで、次の劇団に変わりました。ギプスをしたまま、上へシャツを掛けてもらい、一ヵ月毎日通いました。それは、三月に中学を卒業した子どもたちが五人おり（十五才）、七・八人がお芝居と舞踊ができる小さな劇団で、平均年齢は十九才でした。

でも、座長が、二十六才の若さですが、藤山寛美さんのお弟子だった方で、お芝居、舞踊とアクロバット、笑って笑っての毎日でした。

「私の元気、私のエネルギー、私のパワーを吸いとって、若返ってまたのご来場、心よりお待ち申し上げます。」

初めの、ふくれ顔が、皆さんに手伝ってもらってトイレに行き、お友達もでき、見やすい席をとってもらい、皆さんと同じように大笑いできるようになり、座員に見送られる毎日となりました。座員の皆さんとも、顔なじみになりました。ギプスをはずしても、手は動かせないので、左手へ握手してくれ、「お気を付けてお帰り下さい」と見送ってくれました。また、「新之介写真を撮れ」「新之介一緒に撮る」からと、座長自身が写真を撮ってくれ、何とか気分は前に返り、笑えるようになりました。七月に入って、一度他の劇団の芝居を見に行きましたけれど、上手なだけでもの静かな劇団でした。一度でやめました。

私は以前に入院したことのある、大阪回生病院へ転院して、理学療法を受けることになり、約一時間ですが、涙の出るような痛さをこらえ、毎日リハビリしてもらい、頑張っておりました。

二週間くらいして、少し落ちついた時、ふと、今は姫路にいる、以前M刑務所で知り合った子の、電話番号を手帳から見つけだし、電話をしてみました。

「もしもし。」その声で、

「社長じゃないの。」

「そうよ、元気な。」と言うと、

「今どこに、おるんな。」と言われ、

「元気が過ぎて、大阪の病院におるのよ。」

回生病院の名と住所を教えると、三時間くらいして、奥さんをつれて、二人で、お見舞に来てくれました。頭ほどあるメロンを二個持って、かけつけてきたのです。

「あんた、手ぶらで良いのに。こんな大きな果物、好きでも食べられんがね。」

「二・三日したら皆と食べて。味がええ。自分の目で社長を見て、やっと安心した。」

お嫁さんも、とてもきれいで、あっさりした人で、

「料理屋じゃけんな。わしが作って、食うてもらいたいんじゃが、外出はできんの。」

そんな話をしている時、たまたま婦長さんが見廻りに見えました。婦長さんに聞くと、

「原則としては、できません。但し、付添さんがある場合は、よろしいですよ。」

とのことでした。今度の土曜は担当の先生が夏休みで、一人で宿題リハビリをすることになっていました。その子たちも、夜六時頃迄休み、六時~十二時迄の営業で、私は土・日が休みなので、温泉へつれて行ってくれるということで、外泊の許可ももらい、九時ころ夫婦で迎えに来てくれました。

大きな健康ランドで、温泉が十二、温泉プールが四ヵ所もあり、その子の家

からも一キロたらずで近かったのです。

「温泉に入ってな。芝居も舞踊も、入場料はいらん、自由席じゃけん。温泉がいやになったら芝居見て遊んでおってくれたら、四時に終わるけん、四時頃、入口のソファーに掛けて待っといて。」

と、四時に二人で迎えに来てくれ、近くの陶芸工場に寄り、姫路城を見物させてくれ、お店へつれて行ってくれました。

「さあ、何でも好きな物、言うてくれたら、作るから」食べてもらいたいと、お客様よりもらった珍味、私の好きな物を出してくれました。食べろ、食べろ、言われても、病院食になれており、口は食べたし、お腹いっぱいで。裏にマンションがあるから泊れと言われましたが、お客さんはカウンターまでいっぱい、それに料理人四人もおいております。私が帰れば、一人でもお客様が入れる。

「また来るね、忙しそうだから、タクシーで、温泉へ帰る。」

するとと、嫁の高子さんが、

「お母さん、私が車で行きます。」

と、乗せて帰ってくれました。

「実はねえ、お昼に高ちゃん、松山で見ていた近江劇団見とったんよ。座長始め座員が、手の無いおばさんで憶えていてくれ、『ご遠方ありがとうございました。』言うて、今夜も見せてもらうからと、約束しとったんよ。明日の日曜日昼の部、見に来んかね。」と、言えば、

「お母さん、行きます。」

と、次の日十一時頃に来てくれ、何かと私の世話をしてくれ、お昼の部は二人並んで芝居・舞踊と、笑って、笑って、最後の、座長口上、

「私の元気、私のエネルギー、私のパワーを吸いとって、若返っての、またのご来場を心よりお待ち申し上げます。」

元気な、激しいタップダンスで幕でした。

二日間、温泉で遊び、嫁が病院へつれて返ってくれました。

次の日からは、私の右手の縮んだ筋を直すために担当の先生も筋肉痛で手に皮バンドをしてのリハビリです。芝居を見、間々に温泉に入ったのが良かったのか、担当の先生が、

「手も、指も動きよいのだけど、土・日は何をしましたか?」

「アワの出る温泉に行ったので、今日は少し、疲れて。」

と、言いますと、温泉は二十分入って、二十分休むと良い、一日二回が適当だと教えてくれました。

次の日曜日に、看護婦さんが、

「一色さん、温泉はお迎えないのですか。とても結果がよかったみたいですよ。」

「電話をすれば、来てくれます。」

電話をすると、嫁が迎えに来てくれました。これは、嬉しかったですね。手が不自由でも、足は別にどこも悪くなく、歩けます。公然と温泉に行けるようになりました。嫁の高子さんにも、

「お昼から来るかね、席とっておくよ。」

「お母さん、行きます。」

と、よく来て、手の不自由な、私の世話を充分してくれ、二人並んでのお芝居見物をし、その後、往復一人で電車に乗り、ついで送迎バスで温泉まで行く。

以前、今の病院で両足切断の手術を受け、今は元通りに治っておりますが、

この時も、二・三の子どもたちが見舞に来てくれました。高子さんの主人も温泉へ来させたいのですが、入墨お断わりで、これは務所の運動の後で、その子の背中に天女の入墨が入っているのを見て、知っておったので、さそいませんでした。

こうして、退職者がいつの間にか、子になり、孫をつれて、今では何人子どもがいるか、孫がいるか、わかりません。退院した後、ねんどで作った、イスを送ってきました。とても坐りごこちがよく、嬉しく思っています。

先日、私も、はちみつ入りの、私なりにアレンジした、サラダキムチ、大人のキムチ漬、鹿児島の白つぼ漬を、姫路の子と近江劇団へ送っておきました。手が不自由だった時、笑いを教えてくれ、やる気を起こしてくれたことへのお礼です。

笑えることで、十歳は若くなったような気がします。

一月末に孫が生れる。名前を付けてなと、言われ私は今考え中です。

この子のためにメモしていた歌があります。

父母《ちちはは》の　願ひをよそに　それし身の　二度目の門出は　光を杖に

34　近江《おうみ》飛龍劇団

大衆演劇はＮＨＫの大河ドラマ、捕物帳、暴れん坊将軍、水戸黄門など、どれも病院、養老院では皆さんが声を掛けあって喜んで見ています。家族でも見ているようです。歌舞伎座等より大衆に身近く、私の観劇経験では、本当に声を掛け、声を掛けられる。笑い、大笑い。ちょっぴり涙を流して時間のたつのがわからないほどです。私は歌舞伎座のようには、はではでしくなく、毎日同じ演題があってもかまいません。瞬間的にアドリブが入り、セリフをとちっているのか、わざとか、区別がつかず、隣の人の肩をたたいて大笑い、あるいは一緒に手を取っての涙。お友達もたくさん出来、何の楽しみもなかったのに、電話手紙のやりとり等《など》「又ご一緒しましょうね」と、近江劇団がそうでした。座長はじめ少ない座員で平均年令十九才のお役者さん達に、はげまされ、いたわれ、元気な自分に戻り、いや昔《むかし》の青春をとりもどせたこと、本当にありがたいことでした。いつ迄も元気に頑張って、いろいろの人に、ほがらか人生を分けてほしいものです。

大笑いのおかげで、三年前の脳梗塞も、先日CTをとったら完全に直っておりました。本当に感謝しています。

座長近江飛龍、新之介さん達の支えで、右手が動き、字も書けるようになりました。

今の近江劇団は私の心の宝物です。

龍《りゅう》の舞い　太鼓に合わせ　舞い踊り
笑いと涙　胸にしみいる

平成11年大阪　3男の家族と座長

平成12年4月　博多

Ⅳ　折にふれて——子らを思う歌——

女学校三年頃より進歩はありませんが……

獄の子が　歌よむ心　教へくれ　見るも聞くも　また新《あらた》なり
（昭和五十七〈一九八二〉年七月頃より）

務所ことば　日一日と　おぼえつつ　子らとたのしく　共に作業す

なせばなる　ふり返らずに　前のみを　見つめてすすめ　二度と止まるな

もう一度　幼きときを　思ひ出し　母にあまえる　子にもどれかし

作業中　ミシンに指を　はさまれて　母にあまえる　子どもにもどる

父母《ちちはは》逝き　妻とも別れ　子とはなれ　迎へる者なし　獄門を出る

獄にある　子の身がはりと　肩おとす　母の心は　稲の穂に似て

感無量　ふり返る子を　見送りぬ　母の手を取り　獄門を去れり

父恋し　母恋しさに　神あらば　親をえらべる　子にも権利を

眼をやれば　後姿の　見えるのみ　今日も　昨日《きのふ》も　作業に追はれ

年おいて　なれぬ手付で　ミシンふむ　獄の作業は　いやとも言へず

早きもの　三年三月を　とほりこし　出所する顔　新入りの顔

墨《すみ》つぼで　線を引き引き　百五キロ　務所なればこそ　子らと笑ひし

百五キロ　線引き作業　てくてくと　墨つぼ使って　琴平《こんぴら》参り

運動会の日

差入れは　キザラのついた　アメ一つ　言ふ言葉なく　胸あつくなる

秋空に　獄の広場の　運動会　ヨサコイ音頭に　阿波踊りあり

刑務所は　これが最後と　リズムとり　ひときはさえる　ダスカンの獅子

工房《こうば》ごと　郷里《くに》なつかしむ　応援で　涙をかくす　獅子舞のあり

晴れなれば　外の作業に　愛《いと》し子の　笑顔見ゆると　胸をどらせぬ

父母《ちちはは》の　ながす汗こそ　吾子《あこ》たちの　正しく生きる　道しるべなれ

父母の　願ひをよそに　それし身の　二度目の門出は　光を杖に

悔いあらば　親見て育つ　吾子《あこ》のため　正しき道を　ひたと歩めよ

ほどき編み　ほどきて編みて　一針《ひとはり》に　母の心を　願ひにこめて

子を思ひ　片時惜しんで　夜ごと編む　残り少ない　刑にあはせて

妻の待つ　子の待つ夢で　一夜あけ　出所ひかえて　気もそぞろなる

獄《ごく》にある　三年三月の　空白《くうはく》を　子への言ひわけ　つらきものなり

刑みちて　足かろやかに　出《い》でし子は　我が子も同じ　胸いたみつつ

朝夕に　子の笑顔なし　声もなし　晴れの門出が　悲しくもあり

県警の　ブラスバンドの　慰問あり　一人正座す　とどけ三舎へ
（懲罰房のこと）

今日もまた　帰り来ぬ子を　待ちわびて　夕日の空に　一すじの煙

病《や》めるとき　罪の深さを　感じいり　気がつけば　ああ　手を合はせる吾

終《しゅう》身《しん》刑も　法の助けで　世にいでぬ　空を仰げる　目に涙あり

刑終ゆれど　母待つ家には　婿《むこ》取《と》りて　死せる子となり　行くあてもなし

しらさぎが　一羽はなれて　とびにけり　子らと同じく　帰る巣なからむ

世の情　二度の門出は　つましく生きて　拾ひし人へ　誓ひ新たに

四年余の　長き刑終へ　獄を出《い》づ　大地に立ちて　大空をみる
（出所に私が会いました。おめでとう）

反則は　かくごをきめし　ことなれど　なぜ母の顔　思ひださぬか

囚友が　いかに心を　いたむるか　犯せし反則　ことわれずとも

許されて　帰りきし子の　顔みれば　人は変はりて　まなこするどし

顔見れば　涙出づると　思ひしに　胸熱くなり　みつめゐるのみ

今日こそは　見奈良の里も　秋日和　許されし子を　祝《いわ》ふが如し
（小さな違反も懲罰へ行きます。見奈良とは地名）

石鎚に　霧氷かかりて　身にしみる　一人《ひとり》三舎で　作業する子を

獄にあり　歌手の慰問に　わく会場　ひとり三舎で　作業する子よ
（三舎とは懲罰等で独房で作業すること）

二、三日と　言ひ残せしに　七《しち》、八《はち》日　十日すぎても　帰らざる子よ

愛し子の　帰らずと知り　我が心　暮れなんとする　空にも似たり

愛《いと》し子は　心の病に　かかりしか　手はとどかず　暗き日々なり

あへぬ子も　かさをかむりし　この月を　同じ思ひで　ながめゐるかも

明日よりは　何を支へに　生きようぞ　子とはなれては　心病みたり

口に出し　文字に書いても　我が心　晴れる時なし　日はうつりゆく

何げなく　戸外に立ちて　ながむれば　似し後姿　しばしながむる
（精神病〈心の病〉の子も運動を一人でさせる）

さがせども　なほさがせども　病める子は　歌の慰問を　いづこで聞きしか

独居房　かべに向かひて　話をす　アリの友《とも》でき　見えぬをさがす

独居房　アリも友なり　生きてゐる　見えぬにおどろき　腰あげてさがす

遠くより　子の笑顔《わらいがお》　見えるかと　身を切る風にも　立ち去りがたく

遠くより　子の笑《わら》ひ顔　見えたれば　心は晴れて　なぎに変りし
（この作者のことは担当官より聞いておりました。出所前に奥さんが出産し、当人の籍に入れたのを教育課より聞き、心の病にかかって一ヵ月以上の内観を受け笑顔で帰りました。）

〝内観〟より　帰りきし子の　顔見れば　笑みを作るに　くるしげなり
（内観とは、出所前とか、懲罰の時に、信仰により落ちつかせること）

遠くより　笑顔の見ゆれば　愛《いと》し子は　元気と知りて　安堵するなり

雲間より　光のおびは　美しき　稲穂はたれて　冬近きなり

母逝きて　われを慕ひし　獄の子は　わが愛し子の　生れかはりか

雨あしに　えさをもとめて　たたずめり　行くあてもなき　白さぎのむれ

留守しても　心配するなと　言ひ残し　工房《こうば》出る子が　不憫にもなる

恋ふるもよし　はなるるもよし　うなづきて　信ずる道を　真一文字に
（出所する子の家族との話）

病める子を　別れし吾子《あこ》と　思ひつつ　獄の病舎で　一人臥しをり

濁りをも　つゆ知らざる　きれいな目　なぜ獄にあると　われいぶかしむ

許されて　月の半ばに　かへり来る　子を待つ身には　日は長かりき

朝の内　扉の開くたび　目をあげて　もしやと思ふ　親ばかの身は
（担当官より、本人のこと、他の子のこと、ほとんど聞いています）

吾子《あこ》よ吾子　一目会ひたし　逝く母は　心ひかれて　思ひまどひつ

ただ一目　一目会ひたし　亡き母に　両手《もろて》をつきて　ゆるしこひたし

道それて　神に背きし　生きざまは　母なる星に　救ひたまへと

みそか月　母のねむれる　故郷《ふるさと》の　山に向かひて　〝母さん〟と呼ぶ

母恋ふる　心根あらば　いつの日か　愛の中より　生れくるなり

担当官転勤

生れきて　始めて知りぬ　おやじとは　子らのあまえを　受けて楽しき
（おやじとは担当官のこと）

おやじなぜ　目に涙せし　子らみれば　獄の規則が　うらめしくなりぬ

深々と　頭《こうべ》を垂れて　涙しぬ　うちのおやじと　呼びたる人に

言《も》葉《の》いへぬ　不意の別れに　爪《つめ》かみて　親をえらべぬ　子らのあはれさ

獄の子ら　うちのおやじと　自慢せし　担当官を　送るあはれさ
（おやじとは担当官のこと）

つとめ終へ　風のたよりに　聞く姿　世間の口は　あらしにも似て
（つとめとは実刑のこと）

星一つ　秋たけなはの　四国路を　光の中に　紅葉《もみじ》まばゆし
（矯正作業品を四国四県の刑務所で販売、朝四時出発です）

いく年か　流るる月日　重ぬれば　「お袋元気？」と　子のたづねくる
（嬉しいです）

獄の子の　心の糧に　なるならと　師走といふに　日々通ひ行く

獄の子の　二度の門出に　幸《さち》あれと　千年の森に　初詣でする

獄の子が　涙のはてに　書きしるす　短歌《うた》の心を　涙してよむ
（昭和五十八〈一九八三〉年一月十二日　出所）

母の胸　知らずに育ちし　この子らの　晴れの門出を　見送るわれは

母の胸　知らずに育ちし　この娘《こ》にも　花嫁の日は　親にかはらむ

母恋ひし　天にとどかば　夢にいで　手の一つだに　握《にぎ》らせたまへ

太平洋に　手をひろげたる　九十九里　怒濤に敗けるな　百九十九
（墓参りにつれていった子、収容者番号一九九でした）

障害者《ろうのこ》も　耳かたむけて　除夜を聞く　新しき年に　嫁ぎゆくなり
（耳に障害がありましたが、鐘のひびき、たいこのひびき、振動はわかりました）

子どもたちが毎日眺めた石鎚山（愛媛県教育委員会提供）

言葉なく　耳も聞えぬ　この娘にも　ただひたすらに　恋ふる人あり

朝やけに　オレンジ色した　段畠《だんばたけ》　落穂の中に　白さぎの舞ふ

落武者の　祖先ははるか　信野より　恵原の里へ　住みつきにけり
（今の動物園の東の方です）

久々《ひさびさ》に　瀬戸の海越え　狩に出づ　キジに出合はず　松茸に会ふ
（主人と娘の里、大三島の松茸山でのこと）

紅葉も　冬近づけば　散りはてぬ　浮世の嵐に　かてぬかなしさ

紅葉も　手に取れそうな　秋晴れも　山近く見えて　雨になるなり

石鎚に　かすみかかりて　見ゆる日は　明日も晴るると　言ひ伝へあり

せせらぎに　秋の名ごりは　ただよへり　銃を立てかけ　一休《ひとやす》みする

えものなく　山降りること　きめてより　一きわたかく　キジの一声

なつかしき　三十余年を　かえりみて　ともに白髪の　恩師をおもふ
（野地潤家先生のクラス会の写真を拝見して）

八分がた　白髪になりて　思ひける　わが母の苦労　身にしみてきぬ

子らはみな　郷里《くに》をはなれて　老母《はは》一人　柿もぐ竿《さを》は　杖にかはらむ

郷里《くに》にゐて　寿命を待つと　母ひとり　子らのまねきに　頭《かむり》ふるなり

雲間よりの　光のおびの　美しさ　春待たずして　親友《とも》の夫《つま》逝く
（乳姉妹で、主人は大洲出身で、ＮＨＫテレビ部長でした）

ひくく高く　鳥のなく音《ね》に　目のさめし　ああ祖母《ばば》様の　逝きし日なりしか
（祖母の命日でした）

道ゆずる　車に帽子　ぬぎてより　礼する子らに　心ぬくもる

初春の　梅が柳に　変りはて　見えぬひとみに　春を楽しむ
（盲人障害者が活花を楽しむ）

暗やみに　浮きてそびゆる　天守閣　静もりて見ゆ　一月の宵《よひ》

口もとに　笑みうかべたる　石地蔵《いしじぞう》　心なごみて　過ぎし日を問ふ

へんろ路《じ》の　畑《はた》焼くけむり　夕ぐれに　親子地蔵は　つましくたてり

白さぎの　群《むれ》なす畑の　夕ぐれに　落穂ひらひし　老母ただずむ

V

折にふれて――ある子の詠んだ歌――

我が心　支へしひとの　あることを　命のかぎり　思ひて生きん

うら若き　娘《こ》らの奏でし流行歌を　囚衣着て聞く　遠き席より

不孝せし　母の葬儀に　行くことも　叶はぬ吾に　陽は差し当たる

陽のささぬ　日陰のごとき　我が心　満たすものなし　母逝きてより

夢に出でし　亡き母の指　握らんとす　ぬくもりのなく　目覚めて悲し

今宵また　長き静寂《しじま》に　母おもひ　眠れぬ夜が　白み始めぬ

孝行の　真似事さへも　する日なく　たらちねの母は　逝きましにけり

囚友の　「気を落とすな」と　いふ声にも　胸つまりくる　不孝者われ

母想ふ　熱きおもひを　にじませて　途切れしままの　余白なりしか

最愛の　母逝きたりとも　何ひとつ　なすすべのなき　おのれなりしよ

亡き母に　似し笑まひ顔　もつ女《ひと》が　獄の工房に　日々通ひくる

最愛の　子もライバルよと　言ひくれし　女社長の　目もとほころぶ

時として　狂へるごとく　叫《さけ》びたし　なまじ理性の　ある悲しさよ

なつかしき　味噌汁の味　胸にしみ　妻に逢ひたし　子にも逢ひたし

アイリスや　花アイリスや　生けてある　夕べの獄に　落ち着かんとす

ひとところ　赤く咲きたる　彼岸花　出廷の朝の　車窓に走る

プロレスの　興業等も　あるらしい　故郷《ふるさと》を行く　出廷の朝

出所の日　日一日と　近づきてより　またなつかしき　過ぎし日のこと

冷ややかに　窓たたきたる　朝の風　獄の一日　また始まるか

久々に　青空となる　グランドを　無邪気に駆ける　囚人吾は

不貞せし　妻のことをば　聞きし夜の　獄舎《ひとや》に降りし　雨のかなしも

秋耕の
畝ミ一直やぎる乎 雲

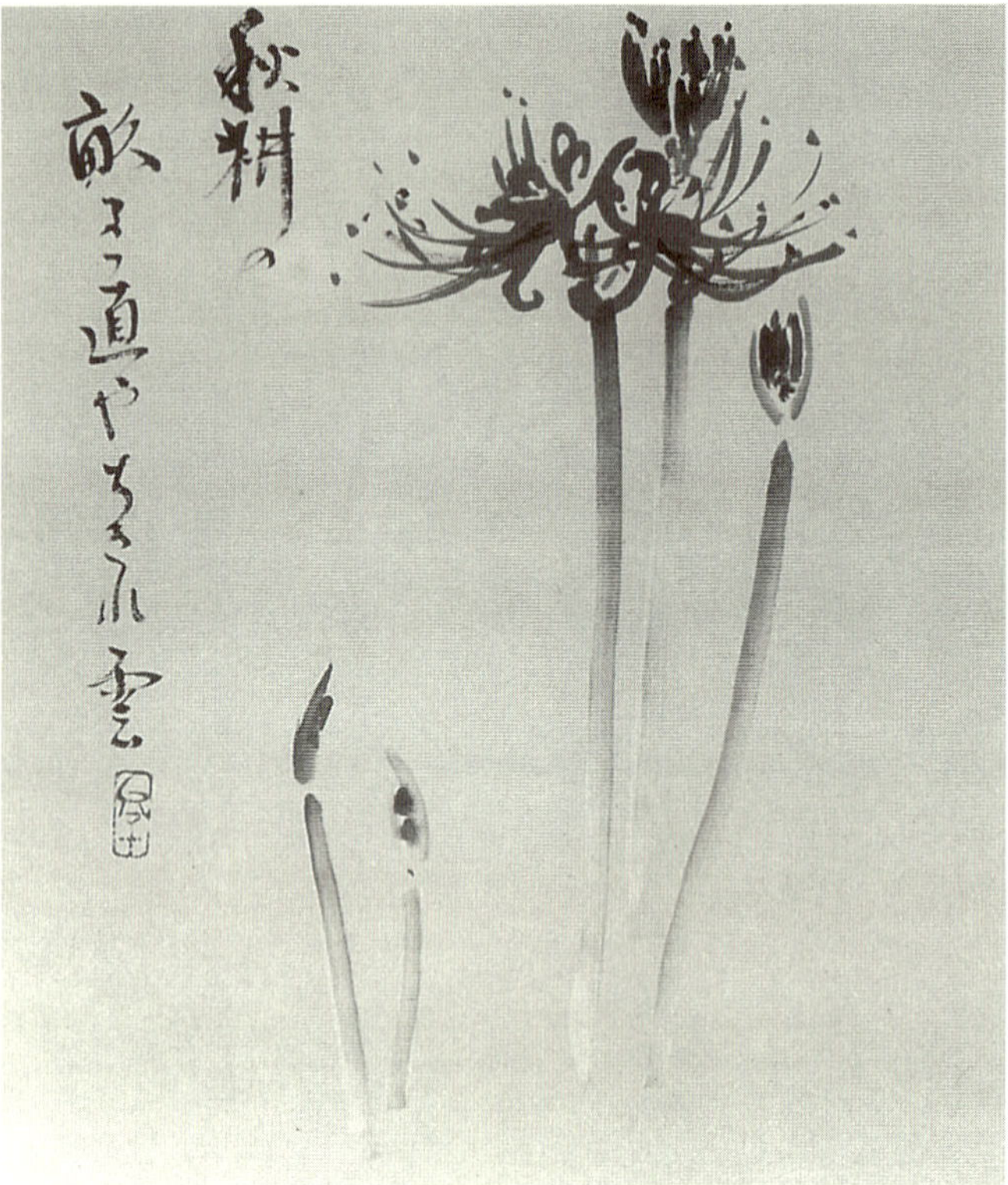

ひとところ　陽の差し光る　獄房に　つがひの雀　影うつしをり

朝もやに　かそけきながら　聞こえくる　歩調《ほちょう》とりたる　囚友《とも》のだみ声

一日の　懲罰終へし　独房で　綴りし短歌　侘びしくもあり

父母もなく　妻子も去りし　我にさへ　声かけくれし　ひとのありしよ

刑庭の　池に浮かべる　金魚藻の　葉にかげりくる　冬の薄陽は

獄で見る　最後となりし　石鎚に　吾は祈りぬ　明日からのことを

暖冬の　大晦日となる　獄房に　囚友《とも》と語れば　思ひ出つきず

獄にゐて　四度目《よど》となりし　紅白を　聞くは侘びしも　人に言はねど

獄房に　娑婆《しゃば》の風吹く　お正月　うれしくもあり　侘しくもあり

ようやくに　南瓜も一つ　実をつけぬ　鉄の格子の　窓にからみて

つき上げて　土を割り入る　ふきのとう　獄舎の庭に　冬のをはりを

さらさらと　波うつ藤の　花房が　香りくるなり　鉄格子まで

美しくも　儚なき香り　放ちつつ　染井吉野は　今日も散りゆく

作業への　囚列去りし　後《うしろ》より　匂ひてはくる　くちなしの花

恩讐《おんしゅう》を　静かに包み　大輪の　純白の菊　仄かに匂ふ

刑庭の　小さき枝の　桜さへ　命いっぱい　花つけんとす

悔みても　悔みきれざる　母の死に　なすすべのなき　おのれなりしか

久々に　辛き病の　癒えぬれば　冬の獄舎も　あたたかきかな

囚一人　出所しゆきて　日も暮れぬ　氷雨となりて　降りやまざりき

ふっとまた　寂しくなりぬ　獄内の　吾の独学は　虎落笛《もがり》なり

獄房の　窓打つ音に　客人《まろうど》かと　目覚むれば　ああ風のいたづら

享楽の　夢を追ひきて　堕ちし身の　いかに悲しき　おのれなりしか

黙々と　くつ縫ひつづる　幽《ゆう》囚《しゅう》の　背に雪雲《せきうん》は　切れ間つくらず

我が心　貧しきゆゑか　刑務所に　侘しき思ひ　晒しをりたり

鬼のやうな　雲が猫となり　人のやうな雲が　魚になりて　雲流れ去る

獄窓に　射《さ》す陽まぶしき　免業の日　塀越えて飛ぶ　雀羨《とも》しむ

雀の子　獄の窓辺に　たはむるる　見れば春来ぬ　夕焼けの空

裸木に　止まれる雀　なに思ふや　首をかしげて　身動きもせず

元日の　朝の明りに　眼覚むれば　雀さえずる　獄窓にきて

春の陽も　明けぬうちより　チュンチュンと　何語りゐる　獄の雀よ
（出所しました）

大声で　泣きたく思ふ　母の墓　わが身につもる　罪の重さに

塀外に　今我の身は　出づるとも　見えざる枷《かせ》は　心縛《しば》りぬ

今日からは　私を母と　呼びませと　はげましくれし　再出発の朝

明空《あけそら》に　銀色の月　かかりをり　流れる雲に　見え隠れつつ

祈りつつ　過ぎにし日々の　尊さを　今に思へば　悔ゆること多し

夢に見し　釈放を　明日にして　胸つまりくる　誓約書読む

釈放前の　湯上りに見る　石鎚の　白峰はまた　育ちて見ゆる

出所日の　湯がしみ通る　冷えし身体《み》に　母の気配を　感じてやまぬ

寒風の　窓うつ夜は　ひたぶるに　亡き母をこそ　悲しかりけれ

償ひの　ひと日終れば　安らぎて　眠らん今宵　母の夢みて

肌寒き　朝の歩道を　手話の子ら　身ぶりたくみに　我が前を行く

如月《きさらぎ》の　清けき月に　涙せし　子の無事祈り　過去すてにけり

踏切りの　かたはらにたつ石地蔵　かすかに笑みて　無事祈りをり

Ⅵ　ある子の手記

私の母　『親孝行したい時には親はなし』

私の施設での三度目の冬が終ろうとしていた昭和五十七年二月二十日に、母は帰らぬ人となった。享年七十五歳であった。

以前から心臓の持病を持っていた母であったから、今度の刑を務めるにあたり、ひょっとしたらと危惧はしていた。けれども、訃報に触れた時には、さすがに現実のものとして考えるには多分に時を費やしていた。

四十歳を過ぎてから私を産み育てた母であったから、その苦労たるや大変なものであったと思う。そのことを思う時、私の脳裏から消しえない、いくつかの母の思い出が走馬燈のごとく蘇るのである。

あれは私がまだ小学校へ上がる前の出来事であったと思う。近くの河で友人数人と遊んでいたのであるが、元来お調子屋であった私の悪ふざけから、友達の一人の頭にかなりひどいケガをさせてしまった。頭から流れる血の多さに驚き、泣きながら家へ駆け帰った私は押し入れに入っては、そのことの怖さにただ震えていた。間もなく訪れたその子の母親の苦情をただ頭を下げてあやまり聞いていた母を、情けないことに私は押し入れの中から出ることもなく、細目に開けたフスマの間から見ていたのである。小さい身体を精一杯折り曲げては、ただ『すみません』と消えるような声で詫びていた母の姿を、あれからもう二十五年近い歳月がたった今でも忘れることができないのである。

母は、いろいろな仕事をしてきた。その中で、私が忘れることができない母の仕事は、廃品回収業である。少し大きめのリヤカーを朝早く引張っていっては、夕方そのリヤカーに山積みの廃品を持ち帰り、一人黙々と整理していた母の姿は、今の私の瞼に熱くよみがえってくる。

あの小さな身体のどこにあんなパワーがあったのだろうか。夏の最中でも、母は、むぎわら帽子にタオル一枚を頭に被るだけで、懸命に山積みのリヤカーを引張っていた。冬の寒さの中でも、母は薄手の手袋を一つしただけで、古雑誌をただ黙々と整理していた。その時も私は陰に隠れて、そんな母をただ気恥ずかしく見つめているだけであった。

もう一つ、どうしても忘れることができない母の姿がある。それは父を亡くした時の悲しみに満ちた母の姿である。父も母と同様心臓疾患でこの世を去った。享年も同じである。この父が亡くなった時、臨終の席にいたのは母一人であった。このことを母は後でみんなに詫びていたが、心臓疾患のような急死の場合は、これも仕方のなかったことではなかっただろうか。通夜の席での無言だった母のその姿は、三十年連添った相手を亡くしたという実感そのものであった。何かを想い出そうと頭を上げては、祭壇の父の写真を見つめ、そして小さなため息と共にうつむく母の姿に、その時の私は励ましの言葉一つかけることができなかったのである。そしてその後情けないことに、私はその母を養老院に預けてしまったのである。

父の百か日の日であっただろうか。母を誘って父の墓参りをと思い、母を院に尋ねた。その日どうした気分か、私が母に父のお墓まで背負って行きたい旨申し出ると、母は人に見られると恥ずかしいからと笑いながらことわった。私もそれではと母の手を引き、歩いて行ったわけだが、その時本当に久し振りに母の笑顔を見たように思った。私のなにげない思いやりを母は喜んでくれたのである。こんなちょっとしたことで、母が喜んでくれるのであったら、いままでにもっともっと母を喜ばせてあげることができていたのにと悔やまれてならなかった。
『親孝行したい時には親はなし』よく耳にした言葉であったが、ここにきてこんな型で突然にこうも強烈に思い知らされるとは、思ってもみなかったことである。せめて孝行の真似事ぐらいさせてもらっていたらと後悔することしきりの毎日ではあるが、これも私に与えられた一つの大きな試練と思い、今後の生活の教訓にするべく、今は更生を亡き母に誓い、懸命にがんばっている。

昭和五十八年一月三十日（日）　一色のお母さんへ
おかあさん、今日はありがとう。何年ぶりかの楽しいドライブができました。それに、大好きな海が見えたこと、本当にうれしかったです。今日も一日おかあさんに甘えさせてもらいました。今僕は最高に幸せです。それもおかあさんやおとうさん、専務（筆者の長男）やさっちゃん（筆者の娘）のお陰です。本当にありがとうございました。専務みたいになれなくても精一杯がんばりますから応援して下さいネ。

〈語句の説明〉

指導員＝私達外部の者で技術者
指導員補助＝長年の受刑者で技術と人望もあり、私達の説明が理解でき、模範《もはん》収《しゅう》であること
技　官＝いろいろの技術をもって、指導員のいない時はその代理もしてくれる、警務所の技術官
担　当＝工場を受持っている警務官
おやじ＝子ども達が一番慕う各受持房の警務官
カ　モ＝犯人が目を付けて、自分のもうけになる人。人をだます、詐欺《さぎ》、誘拐、横領、等
懲　罰＝規則を守らない者に与える罰
懲罰房＝罰の為本人が反省する間はいる房
独居房＝本人が勉強する。他の仲間と折りあえない。精神的欠陥がある者等を一人で入れてその中で一人作業をする
ちくる＝つげ口をする
ちんころ＝寝がえって約束を守らない

あとがき

私は、小学校も女学校も、国語が大嫌いでした。女学校三年の時、野地潤家先生が城北高女（松山）に赴任して来られ、始まった国語の時間に、俳句を習いました。五・七・五、この文字の中に、名人の描く日本画になり、水墨画になり、目をとざすと、その場面、風景が目に見え、ほんとうに感動しました。

朝顔に　つるべとられて　もらひ水　　加賀千代
古池や　かはずとびこむ　水のおと　　松尾芭蕉
閑かさや　岩にしみいる　蟬の声　　松尾芭蕉
柿くへば　鐘がなるなり　法隆寺　　正岡子規

その後、短歌を習いました。

ただ　さみし　山の頂　来て見れば　白きシランの　香りや高し

一色鈴子

東海の　小島の磯の　白砂に　我なきぬれて　かにとたわむる

石川啄木

死に近き　母にそいねの　しんしんと　遠田のかわず　天にきこゆる

斉藤茂吉

歌によって、何かが心の内に起こった時、また、生きる力がわきました。〝歌日記〟は、鹿児島での仕事が忙しくなったので、終えました。あの日、あの時と、何一つ残っていませんが……。七十歳近くですもの。ご指導下さった野地先生、元気を頂いた近江劇団様、有難うございました。

平成十三年一月六日　一色　鈴子

昭和45年１月（筆者の運勢）

著者紹介

一　色　鈴　子　（いっしき　すずこ）

昭和26年　松山南高等学校卒業
昭和27年　松山編物女学院卒業
昭和28年　松山ドレスメーカー女学院卒業
昭和33年　一色編物学院設立
　〜　　ヴォーグ一級指導員全科認定
昭和37年　一色ソーイング設立
　〜
昭和57年　松山刑務所指導員になる
昭和61年　株式会社一色ソーイング設立
昭和62年　鹿児島県薩摩郡国県村誘致工場開設
昭和63年　松山刑務所作業終了
平成11年12月　全五工場閉鎖する
平成12年１月　上海で新工場操業開始

刑務所母親物語

発行　平成13年10月20日

著　者　一　色　鈴　子

発行所　㈱ 溪　水　社
広島市中区小町１－４（〒730－0041）
電　話（082）246－7909
ＦＡＸ（082）246－7876
E-mail: info@keisui.co.jp

ISBN4-87440-671-8　C0076